SRI AUROBINDO | MUTTER

DIE HEILKRAFT DES YOGA

Sri Aurobindo | Mutter

Die Heilkraft des Yoga

Aquamarin Verlag

Die Abschnitte in Teil I und II des vorliegenden Buchs sind Teilauszüge aus dem im Sri Aurobindo Ashram, Pondicherry, herausgegebenen Buch *Health and Healing in Yoga – Selections from the Mother*, 5th ed. 1991. Die ausgewählten Zitate entstammen im Einzelnen den Bänden 2-6, 8, 9, 12, 14 und 15 der 17-bändigen englischen Gesamtausgabe von Mutters Werken, *Collected Works of the Mother* (CWM), sowie einigen nur schwer erhältlichen indischen Büchern und Zeitschriften.

Die Abschnitte in Teil III entsprechen den Seiten 547-591 von Bd. 31, *Letters on Yoga - IV*, der 37-bändigen Gesamtausgabe von Sri Aurobindos Werken, *Complete Works of Sri Aurobindo.*
Soweit die Briefe in der kürzeren *Centenary Edition* von 1972 enthalten waren, stammt die deutsche Übersetzung aus der 1983 vom Sri Aurobindo Trust veröffentlichten Übersetzung von Elisabeth Beck.

2. Auflage 2020
Aquamarin Verlag GmbH
Voglherd 1 • 85567 Grafing
www.aquamarin-verlag.de

Druck: CPI • Birkach

ISBN 978-3-89427-833-5

Anmerkung des Herausgebers

Dieses Buch besteht aus Zitaten von Gesprächen und Briefen von Mutter und Sri Aurobindo.
Einige der Gespräche fanden in Gegenwart der jüngeren Kinder der Ashram-Schule statt, daher der unterschiedliche Tonfall.

Nur Mut!
Hört auf die Lektion, die die aufgehende Sonne
der Erde jeden Morgen mit ihren ersten Strahlen bringt.
Es ist eine Lektion der Hoffnung, eine Botschaft des Trosts.

Ihr, die ihr weint, die ihr leidet und zittert
und kaum auf ein Ende eurer Beschwerden,
eine Linderung eurer Schmerzen zu hoffen wagt,
bedenkt:
Es gibt keine Nacht ohne Morgendämmerung,
und der Tag bricht an, wenn die Dunkelheit am finstersten ist.
Es gibt keinen Nebel, den die Sonne nicht zerstreut,
keine Wolke, die sie nicht vergoldet,
keine Träne, die sie eines Tages nicht trocknet,
keinen Sturm, nach dem ihr Siegesbogen nicht aufsteigt,
keinen Schnee, den sie nicht schmilzt,
und keinen Winter, den sie nicht in einen strahlenden Frühling verwandelt.

Wenn euch Qual oder Schuld niedergedrückt haben,
wenn ihr in abgrundtiefem Leid versunken seid,
dann sorgt euch nicht,
denn gerade dort können euch die göttliche Liebe
und die höchste Segnung erreichen!
Eben weil ihr durch den Schmelztiegel läuternden Kummers gegangen seid,
ist euch der glorreiche Aufstieg gewiss.[1]

---

1 Die Mutter, *Words of Long Ago*, CWM 2: 44f

Inhaltsverzeichnis

Teil I: Die Ursachen von Krankheit

Teil II: Heilung von Krankheit

Teil III: Sri Aurobindo über Krankheit, Heilung und Yoga

Teil I:

Die Ursachen von Krankheit

1.

Ungleichgewicht des Wesens

Krankheit: Eine Disharmonie des inneren Wesens

Sri Aurobindo sagt:

„Krankheit wird unnötig verlängert und endet öfter als unvermeidlich mit dem Tod, weil der Geist des Patienten bei der Beschwerde seines Körpers verweilt und sie damit unterstützt“[1],

und ich füge dem hinzu:

„Eine Krankheit des Körpers ist immer der äußere Ausdruck und die Übertragung einer Unordnung, einer Disharmonie des inneren Wesens. Wird diese innere Unordnung nicht geheilt, kann die äußere Heilung nicht umfassend und von Dauer sein.“[2]

*

Kümmere dich mehr um die inneren Ursachen der Disharmonie als um die äußeren. Das Innere steht über dem Äußeren.[3]

*

1 Sri Aurobindo: *Gedanken & Aphorismen* (eBook), S. 157
2 *Mother India* (Zeitschrift), April 1961, S. 2
3 *Mother India*, Febr. 1974, S. 110

Du fragst mich, ob deine Krankheit vom Yoga herrührt. Auf keinen Fall – viel eher als die Gesundheit zu beeinträchtigen, hilft der Yoga, sie robust und zuverlässig zu gestalten.[4]

Krankheit – Eine Störung des Gleichgewichts

Ich sagte euch kürzlich, dass ich über das Thema Krankheit sprechen würde.[5] Heute scheint mir der richtige Tag dafür zu sein, und ich habe mir einige Notizen gemacht ... Ihr denkt vielleicht an Mikroben und auch daran, dass es Leute gibt, die keinen Gedanken an Krankheit verschwenden und trotzdem krank werden. Das Denken ist aber keineswegs der einzige Faktor. Doch ich werde jetzt versuchen, euch meine Notizen zu erklären. *(Mutter schaut auf ein Blatt Papier)*

Ich sagte euch zuerst, dass jede Krankheit – ohne Ausnahme – der Ausdruck einer Gleichgewichtsstörung ist. Davon gibt es aber viele ... Zuerst spreche ich nur vom Körper, ich spreche nicht von den nervlich bedingten Krankheiten des Vitals[6] oder von Geisteskrankheiten. Das schauen wir uns später an. Wir sprechen nur von diesem armen kleinen Körper. Ich behaupte, dass alle Krankheiten,

4 Unveröffentlicht

5 Nächstes Mal werden wir über Gesundheit und Krankheit sprechen, und ich werde all jene aus der Fassung bringen, die mit Eisenketten an ihre Krankheit geschmiedet sind und davon nicht ablassen wollen. Ich werde ihnen das Werkzeug geben, um ihre Ketten zu sprengen. Vgl. Die Mutter: Gespräche, 15. Juli 1953

6 das Vital: die Ebene der Lebenskraft, der Gefühle, Emotionen, Begierden und impulsiven Reaktionen

restlos alle, welcher Art auch immer (ich würde sogar die Unfälle dazurechnen) auf eine Störung des Gleichgewichts zurückgehen. In anderen Worten, wenn alle eure Organe, alle Glieder und Teile eures Körpers in Harmonie zueinander stehen, erfreut ihr euch einer vollkommenen Gesundheit. Wenn sich aber irgendwo das geringste Ungleichgewicht einstellt, fühlt ihr euch entweder etwas kränklich oder ziemlich krank, sogar sehr krank, oder es stößt euch ein Unfall zu. Das passiert immer dann, wenn ein inneres Ungleichgewicht herrscht.

Es geht aber nicht nur um das Gleichgewicht des Körpers, dazu gesellen sich das Gleichgewicht des Vitals und des Mentals[7]. Damit ihr alle möglichen Dinge unangefochten tun könnt, ohne dass euch irgendetwas zustößt, müsst ihr über ein dreifaches Gleichgewicht verfügen – ein mentales, vitales und physisches Gleichgewicht – und das nicht nur in jedem einzelnen Teil, sondern auch in den gegenseitigen Beziehungen der drei Teile ... Wenn ihr ein wenig Mathematik gelernt habt, solltet ihr wissen, wie viele Kombinationen dies ergibt und wie schwierig das ist! Dort liegt der Schlüssel zum Problem. Es gibt nämlich unzählige Kombinationen, folglich sind auch die Ursachen von Krankheit und auch die Ursachen von Unfällen unzählbar. Trotzdem wollen wir zum besseren Verständnis versuchen, sie zu klassifizieren.

Zunächst gibt es im Hinblick auf den Körper – allein den Körper – zwei Arten eines Ungleichgewichts: ein

---

7 das Mental: jene Ebene des menschlichen Wesens, die mit der Gedankenwelt, dem Verstand, der Intelligenz, mit Ideen, Erkenntnis und dem bewusstem Willen zu tun hat

funktionelles und organisches Ungleichgewicht. Ich weiß nicht, ob ihr den Unterschied zwischen den beiden kennt, doch ihr habt Organe und dann habt ihr alle die Teile eures Körpers: Nerven, Muskeln, Knochen und alles Übrige. Nun, wenn allein ein Organ im Ungleichgewicht ist, ist es ein organisches Ungleichgewicht, und es heißt: Dieses Organ ist krank oder ist vielleicht schlecht ausgebildet, oder es ist nicht normal, oder es ist ihm etwas zugestoßen. Jedenfalls ist das Organ krank. Das Organ mag aber in einem sehr guten Zustand sein, alle eure Organe mögen in einem sehr guten Zustand sein, trotzdem ist da eine Krankheit, denn sie funktionieren nicht richtig: Es besteht ein mangelndes Gleichgewicht in der Funktionsweise. Ihr mögt einen sehr guten Magen haben, aber plötzlich stößt ihm etwas zu, und er funktioniert nicht mehr richtig. Oder auch dem Körper mag es ausgezeichnet gehen, aber dann stößt ihm etwas zu und er funktioniert nicht mehr richtig. Dann habt ihr eine Krankheit aufgrund eines funktionellen Ungleichgewichts, nicht eines organischen Ungleichgewichts.

Im Allgemeinen sind Krankheiten, die auf ein funktionelles Ungleichgewicht zurückgehen, schneller und leichter zu heilen als andere. Die anderen, die sind etwas ernsthafter. Manchmal werden sie sehr ernst. So haben wir bereits zwei Bereiche, die man sehen und kennen muss. Wenn man aber seinen Körper ein wenig kennt und gewohnt ist, ihn in seiner Arbeit zu beobachten, kann man wissen, um welches Ungleichgewicht es sich handelt.

Sehr oft, wenn man jung ist und ein normales Leben führt, ist das Ungleichgewicht lediglich funktioneller

Natur. Es gibt nur einige wenige arme Menschen, die aus dem einen oder anderen Grund eine Störung oder ein Ungleichgewicht schon vor ihrer Geburt erlitten haben. Diese tragen etwas mit sich, das viel schwieriger zu heilen ist (nicht, dass es unheilbar wäre; rein theoretisch gibt es nichts Unheilbares, aber es wird schwieriger).

Was sind nun die Ursachen dieses Ungleichgewichts, was immer es sein mag? Wie ich euch schon sagte, sind die Ursachen zahllos; zuerst sind da die inneren Ursachen, d.h. die persönlichen, dann alle die äußeren Ursachen, jene, die von außen kommen. Das ergibt zwei Hauptkategorien.

Die inneren Ursachen:

Wir sagten, ihr habt ein Gehirn, Lungen, ein Herz, einen Magen, eine Leber etc. Wenn jedes Organ seine Aufgabe erfüllt und normal arbeitet, und wenn alle in einem gegebenen Moment harmonisch aufeinander abgestimmt sind, so wie es nötig ist (man bedenke, dass es sehr kompliziert wäre, wenn man an all das denken müsste; ich befürchte, das würde gewiss nicht die ganze Zeit gutgehen, doch zum Glück ist dazu nicht unser bewusstes Mitdenken erforderlich), gehen wir jedenfalls davon aus, dass sie untereinander in Harmonie sind, gute Freunde, in völligem Einklang, und jedes seine Aufgabe erfüllt und sich rechtzeitig in Bewegung setzt, auf die andern abgestimmt, weder zu spät, noch zu früh, weder zu schnell, noch zu langsam, alles läuft gut, dann geht es euch wunderbar! Nehmen wir nun an, dass eines von ihnen aus dem einen oder andern Grund nicht mehr richtig mittut: Es arbeitet in einem gegebenen Moment nicht mit der notwendigen Energie, es streikt. Denkt ja nicht, dass nur es allein krank wird, nein, das ganze System läuft fehl, und man fühlt sich total unwohl. Wenn damit zu allem Unglück ein vitales Ungleichgewicht einhergeht, d.h. eine Enttäuschung oder eine zu heftige Emotion oder eine zu starke Leidenschaft oder sonst etwas, das euer Vital durcheinanderbringt, kommt das noch hinzu. Wenn überdies die Gedanken unruhig werden und ihr schwarzzusehen beginnt, euch schreckliche Dinge einredet, dann werdet ihr mit Sicherheit krank ... Ihr seht die Komplikation, nicht wahr, etwas winzig Kleines läuft schief und kann so durch innere Ansteckung zu etwas sehr Ernstem führen. Wichtig ist somit, die Dinge sofort unter Kontrolle zu kriegen. Man muss bewusst sein, sich der Funktion seiner Organe bewusst sein, sich desjenigen bewusst sein, das sich nicht richtig verhält, und ihm dann sofort sagen, was zu tun ist, um die Ordnung wiederherzustellen. Was nottut (ich werde euch das später erklären), ist, sie zurechtzuweisen, so wie man es mit kleinen Kindern tut. Wenn sie anfangen, auf dumme Gedanken zu kommen (der Anlass, um es ihnen zu sagen), muss man ihnen sagen: Nein, so geht's nicht – ganz anders! Nehmen wir zum Beispiel an, euer Herz beginnt wie wild zu schlagen; dann müsst ihr es beruhigen. Ihr sagt ihm, dass es so nicht geht, und gleichzeitig (nur um ihm dabei zu helfen) beginnt man sehr langsam, rhythmisch und regelmäßig zu atmen, d.h. die Lunge gibt dem Herz den Takt vor und bringt ihm bei, wie es richtig funktioniert. Und so weiter. Ich könnte euch unzählige Beispiele geben.

Wir sagen also, dass ein Ungleichgewicht zwischen

den verschiedenen Teilen des Wesens herrscht, eine Disharmonie in ihrer Funktion. Das habe ich euch eben gesagt. Dann gibt es innere Konflikte. Das sind die Streitereien untereinander. Es gibt innere Streitereien unter den verschiedenen Teilen von euch. Angenommen, da ist ein Organ (das geschieht sehr oft), das Ruhe braucht, und da ist ein anderes, das aktiv sein will, und beides gleichzeitig. Wie wollt ihr damit umgehen? Sie beginnen zu streiten. Wenn ihr das tut, was das eine will, protestiert das andere! So müsst ihr einen Mittelweg finden, um sie zu versöhnen. Manchmal, wenn dann zur körperlichen Beeinträchtigung noch das vitale und mentale Element hinzukommt (ich spreche hier nicht vom spekulativen Mental oder dem unabhängigen Vital, nein, ich meine den mentalen und vitalen Teil *des Körpers*, denn es gibt ein physisches Vital und ein physisches Mental; dieses physische Mental ist das schlimmste von allen, dieses regt sich die ganze Zeit, und man hat die größte Mühe, es zum Schweigen zu bringen, es läuft und läuft ...); nun, wenn es zum Streit kommt zwischen ihnen, dem Mental, Vital und dem Physischen, hat man ein Schlachtfeld, und dieses Schlachtfeld kann dann zur Ursache von allen möglichen Krankheiten werden. Sie sind im offenen Kampf miteinander. Das eine will, das andere nicht, sie streiten, und man ist einer Art innerem Wirbelsturm ausgesetzt. Das kann zu einem Fieber führen – gewöhnlich geschieht das auch – oder es beginnt innerlich zu vibrieren, und man verliert die Kontrolle. Der wichtigste Grund überhaupt für eine körperliche Krankheit ist der, dass der Körper unruhig wird. Ein Zittern befällt ihn, und dieses Zittern wird stärker und stärker. Man hat das Gefühl, dass man nie in der Lage sein wird, das Gleichgewicht wiederherzustellen, es entzieht sich einem. In so einem Fall muss man wissen, worum es überhaupt geht, was die Ursache des Streits ist, und herausfinden, wie man die bekämpfende Schar in einem selbst miteinander versöhnen kann.

All das sind funktionelle Unausgeglichenheiten.

Es gibt andere Arten des Ungleichgewichts, die mehr oder weniger zu dem gehören, was ihr vorhin sagtet. Ihr seid von einer Aspiration, einer Sehnsucht erfüllt (ich spreche jetzt von denen, die Yoga üben, oder jedenfalls wissen, was das spirituelle Leben ist, und versuchen, den Pfad zu beschreiten), in euch ist ein Wesensteil - ob mental, vital oder gar physisch - der gut verstanden hat, viel Aspiration hat, der spezielle Fähigkeiten besitzt, die Kräfte gut empfängt und großen Fortschritt macht. Dann gibt es andere, die nicht können, und andere, die nicht wollen (das ist natürlich besonders schlimm). Wieder andere gibt es, die zwar wollen, aber nicht können, die die Fähigkeit haben, aber noch nicht bereit sind. Somit ist da etwas, das aufsteigt, und etwas, das sich nicht rührt. Dies verursacht ein schreckliches Ungleichgewicht. Gewöhnlich äußert sich das in irgendeiner Krankheit, denn man ist in einem solchen Zustand innerer Spannung zwischen etwas, das nicht kann, etwas, das klammert, und etwas, das will. Dies verursacht ein schreckliches Unbehagen, und das Resultat ist gewöhnlich eine Krankheit.

Nun gibt es auch das Gegenteil davon, fast das Gegenteil, d.h. das ganze Wesen ist in Bewegung, schreitet voran, geht auf ein zunehmendes Gleichgewicht zu und macht bemerkenswerte Fortschritte. Man hat das Gefühl, in einem höchst förderlichen Zustand zu sein, alles geht gut, nicht wahr, man sieht sich auf einem glorreichen Pfad … Paff! eine Krankheit. Dann sagt man sich: „Wie das? Ich war in einem solch guten Zustand, und jetzt werde ich krank. Das ist nicht fair!“ Aber dies geschieht, weil man nicht völlig bewusst ist. Da war ein kleiner Wesensteil, der sich nicht rühren wollte. Gewöhnlich ist es etwas im Vital; manchmal ist es eine winzig kleine mentale Formation, ein Gedankengebilde, das nicht folgen will. Manchmal ist es einfach etwas im Körper, das sehr träge ist oder nicht die geringste Absicht hat, sich zu bewegen, das die Dinge so belassen will, wie sie sind. Es zieht nach hinten, trennt sich willentlich ab, und auch wenn es ganz klein ist, führt das natürlich zu einem solchen Ungleichgewicht im Wesen, dass man krank wird. Dann sagt man sich: „Ach, wie schade, ich war auf so gutem Weg, das ist nicht fair! Gar nicht nett vom lieben Gott! Da ich doch so gute Fortschritte machte, hätte Er mich vor der Krankheit behüten müssen!“ So ist das.

Jetzt ist da noch etwas. Man übt den Yoga je nach Fähigkeit. Es wurde euch gesagt: „Öffnet euch, und ihr werdet die Kraft empfangen.“ Es wurde euch gesagt: „Habt Vertrauen, seid guten Willens, und der Schutz ist euch gewiss.“ Tatsächlich wird man im Bewusstsein gebadet, in der Kraft gebadet, im Schutz gebadet, und in dem Maß, wie ihr Vertrauen habt und euch öffnet, empfängt ihr all das, und es hilft euch, gesund zu bleiben, die kleinen inneren Störungen zurückzuweisen, die Ordnung wiederherzustellen, wenn sich diese einstellen, und euch gegen die kleinen Attacken und Unfälle zu wappnen, die hätten geschehen können. Wenn aber irgendwo in eurem Wesen, ob im Körper oder auch in eurem Vital oder Mental, ob in mehreren Teilen oder nur in einem, eine Unfähigkeit besteht, die herabsteigende Kraft zu empfangen, wirkt sich das aus wie ein Sandkorn im Getriebe. Ihr wisst schon, eine gut funktionierende schöne Maschine, alles läuft gut, und dann streut man etwas Sand hinein (nicht viel, nur ein Körnchen), und alles knirscht und die Maschine kommt zum Stillstand. Nun, einzig irgendwo ein kleiner Mangel an Empfänglichkeit, etwas, das unfähig ist, die Kraft zu empfangen, das völlig verschlossen ist. Wenn man es näher betrachtet, scheint es wie ein kleiner dunkler Punkt irgendwo, eine winzige Sache, hart wie Stein: Die Kraft kann dort nicht eindringen, das weigert sich, sie zu empfangen; entweder kann es nicht, oder dann will es nicht. Augenblicklich führt dies zu einem großen Ungleichgewicht, und das, was im Aufstieg begriffen war und so wunderbar erblühte, findet sich krank, und manchmal gerade dann, wenn man sich in einem normalen Gleichgewicht wähnte, sich wohl fühlte, wenn alles gut ging und man sich über nichts zu beklagen hatte. Eines Tages, eben als einem eine neue Idee zukam, man einen neuen Impuls erhielt, als man sich voller Sehnsucht fühlte und eine große Kraft empfing – nicht wahr, man hat eine wunderbare Erfahrung, die einem die inneren Tore öffnet und einen wissen lässt, was man zuvor nicht wusste; man ist sich sicher, dass alles gut gehen wird ... Am nächsten Tag ist man krank. Dann sagt man sich: „Immer noch das? Unmöglich, das darf doch nicht wahr sein!" Aber es war ganz einfach das, was ich eben sagte: ein Sandkorn. Da war etwas, das nicht empfangen konnte: Augenblicklich führt das zu einem Ungleichgewicht. Obwohl ganz klein, genügt das, und man wird krank.

Ihr seht, da gibt es zahllose Gründe! Alles fügt sich auf außerordentlich komplexe Art zusammen, und um zu wissen, um eine Krankheit heilen zu können, muss man ihre Ursache kennen, nicht ihre Mikrobe! Es kommt nämlich vor (ich hoffe, es sind keine Ärzte hier!), dass im Falle von Mikroben durchaus wunderbare Arzneien gefunden wurden, um die Mikroben abzutöten, aber diese Arzneien helfen den einen und lassen andere noch kränker werden! Niemand weiß den Grund ... Vielleicht weiß ich, warum. Die Krankheit hatte nämlich einen andern Grund als den rein physischen: Der erste war nur der äußere Ausdruck einer anderen Unordnung. Wenn man diese nicht berührt, sie nicht zu fassen kriegt, wird man außerstande sein, die Krankheit zu verhüten. Um diese Unordnung aufzuspüren, muss man über ein umfassendes okkultes Wissen verfügen und auch über ein gründliches Wissen der ganzen inneren Funktionsweise eines jeden.

So haben wir kurz, im Überblick, alle inneren Ursachen kennengelernt. Nun gibt es zusätzlich noch äußere Ursachen, die die Sache komplizieren.

Wenn man sich in einer völlig harmonischen Umgebung befand, einer Umgebung voll guten Willens, dann kann man ganz offensichtlich die Schuld nur bei sich selber suchen. Aber die Schwierigkeiten sind sowohl innen wie außen. Man kann bis zu einem gewissen Grad ein inneres Gleichgewicht begründen, lebt aber immer noch in einer Umgebung voller Unausgeglichenheiten. Zieht man sich dann nicht in einen Elfenbeinturm zurück (was nicht schwierig ist, aber nicht unbedingt zu empfehlen!), empfängt man notwendigerweise das, was von außen kommt. Man gibt und empfängt, man atmet und nimmt auf. Somit haben wir eine Mischung, und so lässt sich sagen, alles ist ansteckend, denn man lebt in einem Milieu unaufhörlicher Schwingungen. Man gibt Schwingungen ab und empfängt zugleich die Schwingungen anderer, und diese Schwingungen sind von sehr komplexer Natur. Dann gibt es (um es ganz einfach zu formulieren) mentale Schwingungen, vitale Schwingungen, physische Schwingungen und viele andere – ein unaufhörliches Spiel. Selbst wenn man davon ausgeht, dass kein schlechter Wille herrscht, ist da notwendigerweise eine Ansteckung. Wie ich eben sagte, alles, gar alles, ist ansteckend. Nehmen wir das Resultat eines Missgeschicks: Man absorbiert eine gewisse Schwingung, und wenn man übersensibel ist und zusätzlich noch Angst oder Ekel empfindet (was dasselbe ist, Ekel ist nur der innere Ausdruck einer physischen Angst), kann sich das Missgeschick physisch auf euren Körper übertragen. Natürlich heißt es, dass nur nervlich unausgeglichene Menschen so reagieren, doch das stimmt nicht ganz. Nein, es sind einfach Personen mit einer ausgeprägten vitalen Überempfindlichkeit. Dies ist überhaupt nicht das Zeichen einer Minderwertigkeit, ganz im Gegenteil! In dem Maß nämlich, wie man spirituell fortschreitet, kommt es zu einer gewissen Überempfindlichkeit der Nerven, und wenn eure Selbstkontrolle nicht Schritt hält mit eurer Sensibilität, können euch alle möglichen Unannehmlichkeiten zustoßen.

Aber das ist noch nicht alles.

Leider ist da viel böser Wille in der Welt. Unter den verschiedenen Arten bösen Willens gibt es den kleinen Typus, der von Unwissenheit und Dummheit herrührt, und da ist der große Typus, der auf Bosheit zurückgeht, und den sehr beachtlichen Anteil, der das Resultat antigöttlicher Kräfte ist. Das alles ist in der Atmosphäre (ich sage euch das nicht, um euch Angst einzujagen, denn es versteht sich von selbst, dass man vor nichts Angst haben sollte, aber trotzdem ist es da), und diese Dinge greifen euch an, manchmal absichtlich, manchmal unabsichtlich. Unabsichtlich durch andere Leute: Die einen werden angegriffen, ohne etwas davon zu wissen, und geben es weiter, ohne sich dessen bewusst zu sein. Sie sind die ersten Opfer. Aber da sind auch absichtliche Angriffe. Kürzlich sprachen wir von mentalen Formationen, Gedankenformen, und von bösen Leuten, die mentale Formationen bilden, um euch zu schaden, die das bewusst tun, um euch zu schaden. Dann gibt es andere, die noch einen Schritt weitergehen.

Es gibt einen fehlgeleiteten, pervertierten Okkultismus, den man Schwarze Magie nennt, eine Sache, die man nie anrühren sollte. Aber unglücklicherweise gibt es Leute, die durch schiere Bosheit damit in Berührung kommen. Glaubt nicht, das sei eine Illusion, ein Aberglaube, nein, es ist wirklich. Da sind Leute, die wissen, wie man Magie betreibt, und es auch tun, und mit ihrer Magie erreichen sie abscheuliche Resultate... Es versteht sich von selbst, dass, wenn ihr keine Angst habt und unter dem Schutz bleibt, ihr behütet sein werdet. Aber es gibt ein „Wenn", da ist eine Bedingung, und wenn diese Bedingung nicht immer erfüllt wird, können euch sehr unangenehme Dinge zustoßen. Solange ihr in einem Zustand der Stärke, der Reinheit seid, das heißt, in einem Zustand der Unbesiegbarkeit, wenn euch dann jemand etwas antut, fällt es automatisch auf die Person zurück, so wie man einen Tennisball gegen einen Wand schlägt, und er auf einen zurückprallt: Die Sache fällt auf die genau gleiche Weise auf sie zurück, manchmal mit verstärkter Kraft, und sie wird exakt so bestraft, wie sie gefehlt hat. Aber natürlich hängt das alles von der Person ab, auf welche die Magie angesetzt wird, von ihrer inneren Kraft und Reinheit... Das sind Dinge, die ich erfahren habe, viele solche Fälle. Will man in solchen Fällen Widerstand leisten, muss man ein Krieger des Vitals sein, das heißt, ein spiritueller Krieger im Vitalen. Alle, die aufrichtig Yoga üben, müssen das werden, und wenn sie es werden, sind sie vollumfänglich beschützt. Aber eine der Bedingungen, um es zu werden, ist, nie einen schlechten Willen zu haben oder schlecht über jemanden zu denken. Wenn man nämlich ein schlechtes Gefühl oder eine schlechte Willensregung, einen schlechten Gedanken hegt, begibt man sich auf ihr Niveau, und wenn man auf ihrem Niveau ist, dann mögen euch ihre Schläge treffen.

Nun gibt es, ohne bis in dieses Extrem zu gehen, in der physischen Atmosphäre, in der irdischen Atmosphäre, zahllose kleine Wesenheiten, die ihr nicht seht, denn eure Sicht ist zu begrenzt, die sich aber in eurer Atmosphäre bewegen. Einige davon sind sehr freundlich, andere sind ausgesprochen böse. Im Allgemeinen sind diese kleinen Wesenheiten das Zerfallsprodukt vitaler Wesensteile – das wimmelt nur so –, und diese bilden eine ziemlich unangenehme Masse. Einige gibt es, die recht artige Sachen anstellen. Ich glaube, ich habe euch von den kleinen Wesen erzählt, die an meinem Sari zupften, um mir zu sagen, dass die Milch am Überkochen war, damit ich mich darum kümmere. Aber nicht alle sind so nett. Einige von ihnen spielen einem hässliche Streiche, üble kleine Possen. Meist sind sie es, die hinter einem Unfall stecken. Sie lieben kleine Unfälle, sie lieben den ganzen Kräftewirbel rund um einen Unfall: Ein Haufen Leute, nicht wahr, sehr amüsant! Das gibt ihnen dann Nahrung, denn im Grunde ernähren sie sich von menschlichen Vitalkräften, die durch Emotionen und Aufregungen aus dem Körper geschleudert werden. Und so sagen sie sich: Nur ein kleiner Unfall, ganz nett – viele Unfälle! …

Wenn dann eine Gruppe dieser kleinen Wesenheiten zusammenkommt, geraten sie häufig aneinander, denn unter sich haben sie kein sehr friedliches Leben: Sie stoßen sich, kämpfen, zerstören und vernichten sich gegenseitig. Das ist der Ursprung der Krankheitserreger. Es sind Kräfte des Zerfalls. Aber sie bleiben sogar in ihren zerteilten Formen lebendig, und dies ist der Ursprung der Keime und Mikroben. Folglich tragen die meisten Mikroben einen bösen Willen in sich, und das macht sie so gefährlich. Sofern man nicht die genaue Beschaffenheit und Art dieses bösen Willens kennt und fähig ist, entsprechend zu handeln, dann wird man zu 99 Prozent nicht das richtige, voll zutreffende Heilmittel finden. Die Mikrobe ist ein sehr materieller Ausdruck von etwas, das in einer feinstofflichen Welt lebt, und deshalb lassen euch dieselben Mikroben, die immer um euch und in euch sind, jahrelang nicht krank werden, und dann, plötzlich, werdet ihr krank.

Da ist noch ein Grund. Der Ursprung und Rückhalt der Mikroben liegt in einer Disharmonie, in einer Offenheit des Wesens gegenüber den feindlichen Kräften. Ich will euch eine Geschichte erzählen. Ich weiß nicht, ob ich sie euch schon erzählt habe, aber ich tue das jetzt, denn das wird euch einen Eindruck geben.

Ich war in Japan. Das war anfangs Januar 1919, jedenfalls zu der Zeit, als in ganz Japan eine schreckliche Grippe wütete, der Hunderttausende von Leuten zum Opfer fielen. Es war eine jener Epidemien, die man nur selten sieht. In Tokio gab es Aberhunderte von neuen Fällen. Die Krankheit nahm folgenden Verlauf: Sie dauerte drei Tage, und am dritten starb der Patient. Die Leute starben in so großer Anzahl, dass sie nicht einmal kremiert werden konnten, das war unmöglich, es waren schlicht zu viele. Oder aber, wenn die Leute nicht am dritten Tag starben, waren sie nach sieben Tagen völlig geheilt, ein wenig erschöpft, aber trotzdem völlig geheilt. In der Stadt herrschte Panik, denn Epidemien sind sehr selten in Japan. Es sind sehr reinliche Menschen, sehr gewissenhaft, und mit einer guten Moral. Krankheiten sind sehr selten. Aber dann kam das einfach so, wie eine Katastrophe. Es herrschte eine schreckliche Angst. Zum Beispiel liefen die Leute auf den Straßen mit einer Maske auf der Nase herum, eine Maske, um die Luft zu filtern, die sie einatmeten, um sich nicht mit den Mikroben der Krankheit zu infizieren. Die Angst war allumfassend... Nun, ich wohnte damals bei einer Person, die mich unaufhörlich mit Fragen bestürmte: „Aber was ist denn diese Krankheit? Was steckt hinter dieser Krankheit?“ Was ich tat, war einfach, mich in meine Kraft, meinen Schutz zu hüllen, um sie nicht zu erwischen, und ich dachte nicht mehr daran und ging weiter meiner Arbeit nach. Nichts geschah, und ich kümmerte mich nicht darum. Aber dauernd bekam ich zu hören: „Was ist das? Oh, ich möchte so gerne wissen, was hinter dieser Krankheit steckt. Sag mir doch bitte, was diese Krankheit ist, warum ist sie denn da?“ und so fort. Eines Tages wurde ich von einer jungen Frau, die ich kannte, ans andere Ende der Stadt gerufen. Sie wollte mich ihren Freunden vorstellen und mir gewisse Dinge zeigen. Ich erinnere mich nicht genau, worum es ging, aber jedenfalls musste ich mit der Straßenbahn durch die ganze Stadt fahren. Ich war also in dieser Straßenbahn und sah diese Leute mit ihren Masken auf der Nase, und in der Atmosphäre lag diese dauernde Angst. Dann kam mir plötzlich eine Idee. Ich begann mich zu fragen: „Ja, wirklich, was ist diese Krankheit? Was steckt hinter dieser Krankheit? Was für Kräfte sind in dieser Krankheit?...“ Ich kam in dem Haus an, blieb dort eine Stunde und fuhr wieder zurück. Und ich kehrte mit einem schrecklichen Fieber zurück. Ich hatte mich angesteckt. So kam das, ohne Vorbereitung, aus heiterem Himmel. Krankheiten, d.h. Krankheiten durch Keime und Mikroben, sind einige Tage im System latent. Sie kommen, und innen ist da eine kleine Schlacht: Man gewinnt sie oder verliert sie. Verliert man sie, bricht sie aus, das ist nicht kompliziert. Zum Beispiel: Man erhält einen Brief, öffnet den Umschlag, und zack! eine Minute später hat man Fieber! Nun, an jenem Abend hatte ich ein schreckliches Fieber! Man rief nach dem Arzt (nicht ich rief ihn), und er sagte mir: „Ich muss Ihnen unbedingt dieses Medikament geben." Es war eines der besten Medikamente gegen Fieber, er hatte nur noch wenig davon (der ganze Vorrat war aufgebraucht, alle nahmen es); er sagte: „Ich habe immer noch ein paar Packungen, ich gebe Ihnen etwas davon." – „Bitte geben Sie mir das nicht, ich werde es nicht nehmen. Heben Sie es doch für jemanden auf, der daran glaubt und es nimmt." Er war ziemlich verärgert: „Warum bin ich dann gekommen?!" Ich entgegnete: „Vielleicht war es wirklich nicht der Mühe wert." Ich blieb in meinem Bett mit meinem Fieber, ein heftiges Fieber. Die ganze Zeit fragte ich mich: „Was ist diese Krankheit? Warum ist sie da? Was steckt dahinter?"... Gegen Ende des zweiten Tages, als ich alleine in meinem Bett lag, sah ich ganz klar ein Wesen, von dem ein Teil des Kopfes abgetrennt war, mit einer Militäruniform (oder deren Überresten). Es näherte sich mir und stürzte sich plötzlich auf meine Brust, einfach so, mit diesem halben Kopf, um meine Kraft in sich aufzunehmen. Ich schaute genau hin, und es wurde mir klar, dass ich in Lebensgefahr war. Er zog das ganze Leben aus mir (ich muss dazu sagen, dass die Leute in drei Tagen an Lungenentzündung starben). Ich war völlig ans Bett genagelt, bewegungslos, in tiefer Trance. Ich konnte mich nicht mehr rühren, und die Gestalt saugte. Ich dachte: „Jetzt ist es aus." Dann besann ich mich auf meine okkulte Kraft, es kam zu einer regelrechten Schlacht, und es gelang mir, das Wesen zurückzuschlagen, so dass es nicht länger bleiben konnte. Dann wachte ich auf.

Aber ich hatte gesehen; und ich hatte gelernt, ich hatte verstanden, dass die Krankheit von den Wesen herrührte, die aus ihren Körpern geschleudert wurden. Ich hatte das während des Ersten Weltkriegs gesehen, gegen dessen Ende hin, als die Leute in Gräben lebten und bei den Bombardierungen umkamen. Sie waren bei guter Gesundheit, völlig gesund, und innerhalb einer Sekunde wurden sie aus ihren Körpern geschleudert, sich dessen nicht bewusst, dass sie tot waren. Sie wussten nicht, dass sie keinen Körper mehr hatten, und versuchten, in anderen die Lebenskraft zu finden, die sie nicht mehr selber in sich trugen. Mit anderen Worten, sie wurden in zahllose Vampire verwandelt, und sie saugten Menschen das Leben aus. Darüber hinaus kam es zu einer Zersetzung der Vitalkräfte der Menschen, die krank wurden und starben. Man lebte in einer Art klebrigen, dichten Wolke, die aus all dem bestand, und jene, die diese Wolke an sich heranließen, wurden krank, und gewöhnlich wurden sie wieder gesund. Aber jene, die von einem solchen Wesen angegriffen wurden, starben unweigerlich, sie konnten keinen Widerstand leisten. Ich weiß, was es mich an Wissen und Kraft kostete, um dem zu widerstehen. Es war unwiderstehlich. Das heißt, wenn sie von einem Wesen angegriffen wurden, das eine Zusammenballung dieses Wirbels an bösen Kräften war, starben sie. Es müssen viele gewesen sein, eine sehr große Anzahl. Ich sah all das, und ich verstand.

Wenn ich Besuch bekam, bat ich darum, alleingelassen zu werden. Ich lag ruhig in meinem Bett und verbrachte zwei, drei Tage in absoluter Ruhe und Konzentration, auf mein Bewusstsein ausgerichtet. Danach kam ein Freund von mir (ein Japaner, ein sehr guter Freund) und sagte mir: „Ah, Sie sind krank gewesen. Also stimmt es, was ich dachte... Stellen Sie sich vor, in den letzten zwei, drei Tagen gab es keinen einzigen neuen Krankheitsfall in der Stadt, und die meisten Leute, die krank waren, sind geheilt. Die Anzahl Todesfälle ist kaum der Rede wert, und alles ist vorbei. Die Krankheit ist vollständig unter Kontrolle." Daraufhin erzählte ich, was mir zugestoßen war, und er ging und erzählte es allen. Es erschienen sogar Artikel darüber in den Zeitungen.

Offenbar ist das Bewusstsein wirksamer als ganze Packungen voll Medikamente!... Die Lage war kritisch. Stellt euch vor, es gab ganze Dörfer, in denen alle umkamen! Da war ein Dorf in Japan, nicht sehr groß, aber doch mehr als hundert Leute, und der Zufall wollte es, dass einer der Dorfbewohner einen Brief erhielt (der Briefträger kam nur dorthin, wenn er einen Brief zustellen musste; es war ein abgelegenes Dorf). Er ging also aufs Land hinaus, es lag Schnee, das ganze Dorf war tief eingeschneit ..., und es lebte niemand mehr dort. Genau so war es. Eine solche Epidemie war das. Auch in Tokio war es so, aber Tokio war eine große Stadt, und somit verliefen die Dinge dort anders. So also kam die Epidemie zum Stillstand. Das ist meine Geschichte.

Dies bringt uns jetzt ganz natürlich auf das Heilmittel zurück. All das ist sehr gut, wir sind jetzt im Besitz des

Wissens. Wie lassen sich Krankheiten demnach verhindern, das wäre das Erste, und wenn es zu einer Krankheit kommt, wie lässt sie sich heilen?

Man mag die üblichen Mittel versuchen, und manchmal hat man damit Erfolg. Das ist gewöhnlich dann der Fall, wenn der Körper überzeugt ist, dass ihm genau das gegeben wurde, was er braucht, um wieder gesund zu werden. Er hat die Entscheidung getroffen, wieder ins Lot zu kommen, und wird geheilt. Wenn aber der Körper nicht bereit ist, nicht den Entschluss getroffen hat, wieder heil zu werden, mag man versuchen, was immer man will, es kommt nicht zu einer Heilung. Auch das weiß ich aus Erfahrung. Ich kannte nämlich Leute, die in fünf Minuten geheilt werden konnten, selbst im Falle einer scheinbar sehr ernsthaften Krankheit, und ich kannte Leute, die keine tödliche Krankheit hatten, ihre Krankheit aber derart hätschelten, dass sie tödlich verlief. Es war unmöglich, ihren Körper zu überzeugen, die Krankheit loszulassen.

Genau hier gilt es, sehr sorgfältig zu sein und genau zu prüfen, ob nicht irgendwo ein kleiner Teil in einem – wie soll ich sagen – Gefallen daran findet, krank zu sein. Oh, es gibt viele Gründe. Gewisse Leute sind aus Trotz krank, andere Leute sind krank aufgrund ihres Grolls, einige sind krank aus Verzweiflung, wieder andere … Diese Emotionen brauchen nicht einmal besonders ausgeprägt zu sein, nein, das kann eine winzig kleine Regung im Wesen sein; man ist gekränkt und sagt sich: „Passt auf, was kommt, was sich aus dem entwickeln wird, was mir angetan wurde. Möge die Krankheit nur kommen, ich bin bereit!“ Das gesteht man sich natürlich nicht ein, denn man würde sich deswegen verurteilen, aber irgendwo ist da etwas, das so denkt.

Also sind zwei Dinge zu tun, wenn man das Unstimmige, die Disharmonie, ob groß oder klein, entdeckt hat. Zu Beginn haben wir gesagt, dass diese Disharmonie zu einer Art Zittern, einem Mangel an Frieden im physischen Wesen, im Körper führt. Es ist eine Art Fieber. Selbst wenn es kein allgemeines Fieber ist, sind da doch Fieberherde an bestimmten Stellen; man verliert die innere Ruhe. Somit gilt es zuallererst, sich zu beruhigen, mit einem totalen Vertrauen Frieden, Ruhe und Entspannung in diese Stellen zu bringen (nicht notwendigerweise in den ganzen Körper). Danach schaut man, was die Ursache der Unstimmigkeit war. Man sieht genau hin. Natürlich gibt es viele Gründe, aber man versucht einfach, so gut wie möglich die Ursache der Unordnung herauszufinden, und durch den Druck des Lichts, des Wissens und der spirituellen Kraft stellt man die Harmonie, die reibungslose Funktion wieder her. Wenn die kranke Stelle empfänglich ist, wenn sie keinen hartnäckigen Widerstand leistet, kann man in einigen wenigen Sekunden geheilt werden.

Das ist nicht immer der Fall. Manchmal ist da, wie schon gesagt, ein böser Wille: Man geht mehr oder weniger auf Streik und will, dass die Krankheit Folgen zeitigt. Das braucht also etwas mehr Zeit. Ist man nicht allzu widerspenstig, beginnt die Kraft nach einiger Zeit zu wirken: Nach ein paar Minuten oder Stunden oder höchstens ein paar Tagen ist man geheilt.

Im Spezialfall des Angriffs feindlicher Mächte wird

die Sache komplizierter, denn in diesem Fall hat man es nicht ausschließlich mit dem körperlichen Willen zu tun. (Wohlgemerkt, ich kann das Argument jener nicht akzeptieren, die mir sagen: „Aber ich will doch nicht krank werden!“, denn euer Bewusstsein sagt euch immer, dass es nicht krank werden will. Man muss schon etwas verrückt sein, um sich zu sagen: „Ich will krank werden.“ Es ist aber nicht euer Bewusstsein, das krank werden will, nein, es ist ein Teil eures Körpers, oder höchstens ein bestimmter Teil im Vitalen, der sich quer stellt und krank zu werden wünscht, und sieht man da nicht sehr aufmerksam hin, bemerkt man das nicht.) Ich will damit sagen, dass die Situation kompliziert wird, wenn ein Angriff dahintersteckt, ein Druck feindlicher Kräfte, die euch wirklich übel wollen. Vielleicht habt ihr ihnen durch einen spirituellen Fehler Einlass gewährt, durch eine Anwandlung von Eitelkeit, eine Regung des Zorns, des Hasses oder der Gewalt. Selbst wenn es nur eine Regung ist, die kommt und geht, kann das schon die Tür öffnen. Es gibt immer Keime, die auf der Lauer liegen und auf ihre Gelegenheit warten; deshalb sollte man sehr achtsam sein. Wie dem auch sei, aus irgendeinem Grund ist der Einfluss durch die Schutzhülle gedrungen und übt dort eine Wirkung aus, die Krankheit möglichst schädlich werden zu lassen. In diesem Fall genügt das erste Mittel nicht ganz. Es gilt dann etwas hinzuzufügen, ihr müsst die Kraft der spirituellen Läuterung einbringen, die eine solch absolut aufbauende Kraft ist, dass alles, was nur im Geringsten destruktiv ist, dort nicht überleben kann. Wenn euch diese Kraft zur Verfügung steht, oder wenn ihr darum bitten könnt und sie empfangt, dann richtet ihr sie auf die Stelle, wonach die feindliche Kraft gewöhnlich sofort Reißaus nimmt. Wenn sie nämlich dieser Kraft ausgesetzt ist, wird sie aufgelöst, sie verschwindet, denn keine Kraft der Zersetzung kann so fortbestehen. Folglich löst sich die Zersetzung auf und verschwindet. Möglicherweise wird sie in eine aufbauende Kraft umgewandelt, oder sie wird einfach aufgelöst und zunichtegemacht. Damit ist die Krankheit nicht nur geheilt, sondern die Möglichkeit ihrer Rückkehr wird ebenfalls eliminiert. Man ist ein und für alle Mal von der Krankheit geheilt, sie kommt nie mehr zurück. Voilà.

Nun, das ist das große Bild, über die Details könnte man ganze Bücher schreiben. Ich habe euch hier nur allgemeine Erklärungen abgegeben.

Bei all den Gründen, die du uns geschildert hast, könnte man immer krank sein!

Aber im gewöhnlichen Leben sind die Leute meistens fast immer krank – außer ein paar wenigen, die aus Gründen anderer Art, auf die wir später zu sprechen kommen, dem entgehen. Es sind nur sehr wenige, die nicht die ganze Zeit mehr oder weniger krank sind. Aber selbst im gewöhnlichen Leben, wenn euch Vertrauen, ein guter Wille, eine gewisse Sicherheit, diese Art innere Zuversicht beseelen, oh! wie das vielleicht bei den meisten Kindern der Fall ist (ich weiß nicht, denn schließlich sind die, die hier sind, recht außergewöhnlich), jedenfalls ist da ein Vertrauen ins Leben, sie sind jung und haben das Gefühl, dass das ganze Leben noch vor ihnen liegt, ... Nur sehr wenig liegt zurück, alles ist vor ihnen. Das gibt ihnen eine Art Zuversicht, das rettet sie.

Sonst, im gewöhnlichen Leben, habe ich nur sehr wenige Leute gekannt, die nicht mindestens über eine physische Unpässlichkeit klagten, die sie immer mit sich trugen... Vielleicht kennt ihr das Theaterstück von Jules Romains, *Le Docteur Knock*, wo er sagt, dass ein gesunder Mann jemand sei, der nur nicht weiß, dass er krank ist. Das trifft im Allgemeinen zu. Wenn man genügend beschäftigt ist, um sich nicht die ganze Zeit mit sich selber zu befassen, bemerkt man das nicht, aber es ist trotzdem da.[8]

Die Beziehung zwischen Körper und Geist

Wenn der Körper krank wird, werden dann auch das Mental und das Vital krank?

Nicht unbedingt. Krankheit (ich habe euch dies erklärt) kommt gewöhnlich von einer Fehlabstimmung der verschiedenen Wesensteile, von einer Art Disharmonie. Nun, es kann sich durchaus fügen, dass der Körper einer gewissen Bewegung des Fortschritts nicht zu folgen vermochte, z.B. dass er zurückgeblieben ist, und dass andererseits die anderen Teile des Wesens Fortschritte

8 Die Mutter: *Gespräche*, 22. Juli 1953

erzielt haben. Dieses Ungleichgewicht, diese Störung der Harmonie führt dann zur Krankheit, wobei das Mental wie auch das Vital in einem sehr guten Zustand sein mögen. Es gibt Leute, die schon während Jahren krank sind – sie leiden an schrecklichen, unheilbaren Krankheiten –, die aber ihre mentalen Fähigkeiten wunderbar bewahrt haben und mental weiter fortschreiten. Es gibt einen französischen Dichter (ein sehr guter Dichter) namens Sully Prudhomme; er war todkrank, und genau zu dieser Zeit schrieb er seine schönsten Gedichte. Er blieb weiterhin charmant, liebenswürdig, lächelnd – liebenswürdig mit allen, und doch ging sein Körper in Stücke. Das hängt von den Leuten ab. Wieder andere gibt es, sobald sich diese im Geringsten unwohl fühlen, gerät alles völlig aus den Fugen – sie taugen zu nichts mehr. Für jeden ist die Kombination wieder anders.

Es heißt, dass zwischen Körper und Mental eine Beziehung besteht. Wenn das Mental nicht ganz in Ordnung ist, was dann?

Aber sicher besteht eine Beziehung zwischen Körper und Mental! Sogar mehr als eine Beziehung: Es ist eine sehr enge Verbindung, meistens ist es das Mental, das den Körper krank werden lässt. Auf jeden Fall ist es der wichtigste Faktor.

Und wenn es dem Körper nicht gut geht?

Das hängt von den Leuten ab, wie schon gesagt. Es

gibt Leute – sobald ihrem Körper das Geringste zustößt, ist ihr Mental völlig aus dem Gleichgewicht. Andere gibt es, die sehr krank sein mögen und trotzdem einen klaren Kopf bewahren. Es ist seltener und schwieriger, ein unausgewogenes Mental zu finden in Verbindung mit einem Körper, der gesund bleibt – es ist nicht unmöglich, aber viel seltener, denn der Körper hängt großenteils vom Zustand des Mentals ab. Das Mental ist der Meister des physischen Wesens.[9]

Krankheiten als Folge des Yoga

Lassen sich alle physischen Krankheiten letztlich auf irgendeine Störung des Mentals zurückführen? Falls dem so ist, welche mentale Störung würde eine solche Beschwerde wie zum Beispiel einen Ausschlag oder eine Halsentzündung verursachen?

Es gibt so viele Gründe für eine Krankheit, wie es Kranke gibt; die Erklärung lautet in jedem Fall anders. Wenn ihr mich fragt: „Warum habe ich diese oder jene Krankheit?“, so kann ich in euch hineinblicken und euch den Grund sagen, aber es gibt keine allgemeine Regel.

Die Krankheiten des Körpers sind nicht immer das Ergebnis einer Störung, einer Disharmonie oder falschen Regung des Mentals. Der Ursprung der Krankheit mag etwas im Mental sein, es kann aber auch am Vital liegen,

9 *Gespräche,* 23. Dezember 1953

oder es ist mehr oder weniger etwas Physisches, so wie bei den Krankheiten, die sich aufgrund eines äußeren Kontaktes entwickeln. Schließlich können gewisse Störungen auf eine Bewegung im Yoga zurückgehen, und auch in diesem Fall sind viele Ursachen möglich.

Nehmen wir die Krankheiten, die auf den Yoga zurückgehen, denn diese interessieren uns am unmittelbarsten. Obwohl sich für irgendeine spezielle Beschwerde kein ausschließlicher Grund angeben lässt, können wir die Krankheiten gemäß der Natur der Ursache, die sie ausbrechen ließ, in verschiedene Gruppen aufteilen.

Die Kraft, die in einen Menschen herabsteigt, der den Yoga-Pfad beschreitet, und ihm bei seiner Transformation hilft, wirkt auf sehr viele Arten, und die Resultate unterscheiden sich je nach der Natur desjenigen, der sie empfängt, und der zu verrichtenden Arbeit. In erster Linie beschleunigt sie die Transformation aller Wesensteile, die dazu bereit sind. Wenn der Übende in seinem Mental offen und empfänglich ist, beginnt das von der Yoga-Kraft berührte Mental sich rasch zu verändern und Fortschritte zu machen. Ebenso schnell mag sich die Veränderung im vitalen Bewusstsein vollziehen, falls dieses bereit ist, oder sogar im Körper. Allerdings ist die umwandelnde Kraft des Yoga im Körper nur bis zu einem gewissen Grad wirksam, denn die Empfänglichkeit des Körpers ist begrenzt. Die materiellste Ebene des Universums ist immer noch in einem Zustand, in der die Empfänglichkeit weitgehend mit einem großen Ausmaß an Widerstand vermischt ist. Jedoch verursacht ein rascher Fortschritt in einem der Wesensteile, dem nicht ein entsprechender Fortschritt in den anderen Teilen folgt, eine Disharmonie, eine Verschiebung irgendwo in der Natur. Wo immer und wann immer diese Verschiebung auftritt, kann sich das in Form einer Krankheit auswirken. Die Beschaffenheit der Krankheit hängt von der Natur der Verschiebung ab. Eine Art der Disharmonie betrifft das Mental, und die Störung, die sie verursacht, kann bis zum Wahnsinn führen; eine andere Art betrifft den Körper und mag sich in Form eines Fiebers oder eines Ausschlags zeigen oder in irgendeiner kleineren oder größeren Störung.

Einerseits beschleunigt die Aktion der Yoga-Kräfte die Bewegung der Transformation in jenen Wesensteilen, die bereit sind, die wirkende Kraft zu empfangen und darauf zu antworten. Auf diese Art ist der Yoga eine Zeitersparnis. Die ganze Welt ist einem fortschreitenden Prozess der Umwandlung begriffen: Wenn man somit die Disziplin des Yoga aufnimmt, aktiviert man in sich selbst diesen Prozess. Die Arbeit, die bei üblichem Verfahren sonst Jahre erfordern würde, lässt sich durch den Yoga in ein paar Tagen oder sogar in ein paar Stunden tun. Doch ist es das innere Bewusstsein, das dem Antrieb zur Beschleunigung gehorcht, denn die höheren Wesensteile folgen der raschen und konzentrierten Bewegung des Yoga und sind den Anpassungen, die das erfordert, leichter zugänglich.

Der Körper andererseits ist gewöhnlich schwerfällig, träge und apathisch. Wenn in diesem Teil etwas nicht offen und empfänglich ist und sich der Aktion der höheren Kräfte widersetzt, so darum, weil er dem raschen Fortschreiten der übrigen Wesensteile nicht zu folgen vermag. Er braucht Zeit, er kann nur in seinem eigenen Tempo vorwärtsgehen, wie er es im gewöhnlichen Leben auch tut. Das ist ganz ähnlich, wie wenn Erwachsene in Begleitung von Kindern zu schnell laufen: Von Zeit zu Zeit müssen sie anhalten und warten, bis die Kleinen wieder zu ihnen aufgeschlossen haben. Dieses Auseinanderklaffen zwischen dem Fortschritt des inneren Wesens und der Trägheit des Körpers führt oft zu einer Art Verschiebung im Körper, die sich als Krankheit äußern kann. Das erklärt die Tatsache, dass Leute, die intensiv Yoga üben, oft an irgendeiner Unpässlichkeit oder körperlichen Störung zu leiden beginnen. Das kann allerdings vermieden werden, wenn sie gewissenhaft vorgehen und auf der Hut sind. Unter Umständen weist ihr Körper eine besonders ausgeprägte Empfänglichkeit auf, dann sind sie natürlich auch geschützt. Eine unvermischte Empfänglichkeit, die es dem physischen Wesen erlauben würde, mit der inneren Transformation Schritt zu halten, ist allerdings kaum möglich, außer wenn der Körper durch eine frühere Disziplin schon auf den Yoga vorbereitet ist.

Im gewöhnlichen Leben des Menschen ist ein fortschreitendes Auseinanderdriften [der verschiedenen Wesensteile] die Regel. Das mentale und vitale Wesen des Menschen folgt der Bewegung der universalen Kräfte so gut es kann, wobei der Strom der Evolution und Umwandlung der Welt sie einen Teil des Weges mit sich trägt. Der Körper aber, der dem Gesetz des materiellsten Teils der Natur unterworfen ist, bewegt sich nur sehr langsam. Nach einigen Jahren, siebzig oder achtzig, hundert oder zweihundert – das ist vielleicht das Maximum – wird das Missverhältnis so gravierend, dass das äußere Wesen in

Stücke geht. Der Zwiespalt zwischen Anforderung und Reaktion, das zunehmende Unvermögen des Körpers, der Bewegung zu folgen, führen schließlich zum Phänomen des Todes.

Durch den Yoga gestaltet sich die innere Umwandlung, die sich in der Schöpfung beständig, aber langsam vollzieht, intensiver und schneller; das Tempo der äußeren Umwandlung bleibt jedoch fast gleich wie im gewöhnlichen Leben. Als Folge davon besteht eine Tendenz, dass die Disharmonie zwischen dem inneren und äußeren Wesen eines Yoga-Praktikanten zunehmend größer wird, außer er oder sie sieht sich vor und unterstellt sich einem speziellen Schutz, der dem Körper hilft, dem inneren Fortschritt so eng wie möglich zu folgen. Doch selbst dann liegt es in der Natur des Körpers, den Fortschritt zu verlangsamen. Deshalb müssen wir vielen Sadhaks [Schülern] sagen: „Zieht nicht, beeilt euch nicht; gebt eurem Körper Zeit zu folgen.“ Einige müssen während Jahren zurückgehalten werden, und es ist ihnen nicht gestattet, zu viel zu tun oder zu große Fortschritte zu machen. Manchmal wird es unmöglich, ein Ungleichgewicht zu vermeiden, und dann hat man eine Störung, die je nach Art des Widerstands, dem Maß an Nachlässigkeit oder der getroffenen Vorsichtsmaßnahmen verschieden ist.

Das ist auch der Grund, weshalb jedem ernsthaften Fortschritt unweigerlich eine Phase des Stillstands folgt. Dieser erscheint jenen, die kein Wissen haben, wie eine Welle der Betäubung, der Stagnation und Entmutigung, die jeden Fortschritt im Keim zu ersticken scheint, und sie denken beunruhigt: „Was ist los? Verliere ich meine Zeit?

Nichts geschieht!" In Wirklichkeit ist es einfach eine Zeit der Assimilation; dem Körper wird eine Pause gewährt, um sich noch mehr zu öffnen, empfänglicher zu werden und dem durch das innere Bewusstsein erreichten Niveau besser zu folgen. Die Eltern sind zu weit vorausgegangen; sie müssen einen Halt einlegen, damit das zurückgelassene Kind sie wieder einholen kann. Erst dann können sie den Weg gemeinsam wieder unter die Füße nehmen.

Jeder Teil des Körpers steht symbolisch für eine innere Bewegung, da ist eine Welt subtiler Entsprechungen. Dies ist jedoch ein langes und komplexes Thema, das wir im Moment nicht näher behandeln können. Derjenige Teil des Körpers, der von der Krankheit befallen ist, gibt einen Hinweis auf die Natur der inneren Disharmonie, die sich eingestellt hat. Er weist auf den Ursprung der Krankheit hin und ist ein sprechendes Zeichen seiner Ursache. Auch offenbart er die Natur des Widerstands, der das ganze Wesen davon abhält, im gleichen Tempo weiterzuschreiten. Dies zeigt uns dann, welche Maßnahmen zu treffen sind und wo Heilung zu finden ist. Könnte man vollständig verstehen, wo der Fehler liegt, herausfinden, wo es an Empfänglichkeit gefehlt hat, um ihn für die Kraft und das Licht zu öffnen, dann wäre es möglich, die gestörte Harmonie im Nu wiederherzustellen, und die Krankheit verschwände sogleich.

Der Ursprung einer Krankheit mag im Mental liegen, er kann auch im Vital liegen oder in jedem anderen Teil des Wesens. Ein und dieselbe Krankheit kann viele Ursachen haben; je nach Fall geht sie auf verschiedene Störungen der Harmonie zurück. Manchmal zeigt sich auch nur der

Anschein einer Krankheit, wo es tatsächlich gar keine Krankheit gibt. In diesem Fall, sofern man ausreichend bewusst ist, trifft man irgendwo auf eine Reibung, ein Stocken der Bewegung. Berichtigt man diese Sache, ist man sofort geheilt. Eine Krankheit dieser Art trägt keine Wahrheit in sich, selbst wenn sie physische Auswirkungen zu haben scheint. Sie ist zur Hälfte eine Sache der Einbildung und hat nicht die gleiche Gewalt über die Materie wie eine wirkliche Krankheit.

Wenn das ganze Wesen in seiner zunehmenden Transformation gleichzeitig voranschreiten könnte, im Einklang mit dem inneren Gang der Welt, dann gäbe es keine Krankheit und keinen Tod. Es müsste aber wirklich das gesamte Wesen sein, integral, d.h. von den höchsten Ebenen, wo es plastischer ist und sich den transformierenden Kräften im erforderlichen Ausmaß fügt, bis hinunter zur materiellsten Ebene, die von Natur aus starr und festgelegt ist und sich jeder schnellen Änderung der Form widersetzt.

Es gibt gewisse Regionen, die dem Wirken der yogischen Kräfte einen viel stärkeren Widerstand bieten als andere, und die sie betreffenden Krankheiten sind dementsprechend schwieriger zu heilen. Es sind jene Teile, die den materiellsten Schichten des Wesens angehören, mit den ihnen eigenen Beschwerden wie Hautkrankheiten und Zahnschmerzen. Sri Aurobindo erzählte einst von einem Yogi, der fast hundert Jahre seines Lebens an den Ufern des Narmada zugebracht hatte. Er war noch bei guter Gesundheit und sah blendend aus. Als ihm ein Schüler eine Medizin gegen Zahnschmerzen anbot, lehnte er mit der Bemerkung ab, der Zahn habe ihn nun schon zweihundert Jahre lang gequält. Dieser Yogi hatte also eine solche Herrschaft über die materielle Natur erlangt, dass er zweihundert Jahre alt werden konnte, aber in dieser ganzen Zeit war es ihm nicht gelungen, Herr über sein Zahnweh zu werden!

Einige der Krankheiten, die für sehr gefährlich gelten, sind am einfachsten zu heilen; andere, denen man nicht viel Wichtigkeit beimisst, können den hartnäckigsten Widerstand leisten.

Die Ursprünge einer Krankheit sind vielfältig und verwickelt; jede kann eine Vielzahl von Ursachen haben, aber immer verweist sie auf einen Schwachpunkt im Wesen.[10]

Krankheit im spirituellen Leben

Liebe Mutter, wenn jemand ernstlich krank wird, ist das ein rein physisches Phänomen oder handelt es sich um eine Schwierigkeit in seinem spirituellen Leben?

Das hängt von der Person ab! Wenn es jemand ist, der den Yoga ausübt, handelt es sich ziemlich offensichtlich um eine Schwierigkeit in seinem spirituellen Leben. Wenn es jemand ist, der überhaupt nichts mit dem Yoga zu tun hat und ein gewöhnliches Leben nach der üblichen Art führt, ist es ein normales Missgeschick. Es hängt ganz und gar von der Person ab. Die äußere Erscheinung

10 Die Mutter: *Lehrgespräche und Worte der Liebe 1929-38*, 16. Juni 1929

mag ähnlich sein, aber die inneren Gründe sind absolut verschieden. Keine zwei Krankheiten sind sich gleich, obwohl man die Krankheiten mit einem Etikett versieht und versucht, sie zu klassifizieren. Tatsächlich aber ist jede Person auf ihre eigene Art und Weise krank, wobei die Art der Krankheit von dem abhängt, was jemand ist, sowie vom Bewusstseinszustand und dem Leben, das die Person führt.

Wir haben oft gesagt, dass Krankheiten die Folge einer Störung des Gleichgewichts seien, aber diese Störung kann sich im Wesen in völlig verschiedenen Formen äußern. Für den gewöhnlichen Menschen, dessen Bewusstsein auf das physische, äußere Leben fokussiert ist, ist es eine rein physische Störung des Gleichgewichts, d.h. eine Funktionsstörung der verschiedenen Organe. Wenn aber hinter diesem rein oberflächlichen Leben ein inneres Leben ausgearbeitet wird, ändern sich damit auch die Krankheitsursachen. Sie werden zum Ausdruck eines Ungleichgewichts der verschiedenen Teile des Wesens: Zwischen dem inneren Fortschritt oder der inneren Anstrengung und den äußeren Widerständen oder Bedingungen seines Lebens im Körper.

Sogar nach üblicher Sichtweise gilt seit geraumer Zeit, dass es sich um ein Nachlassen der Vitalität handelt, das auf naheliegende geistig-seelische Ursachen zurückgeht, denn so beginnt jede Krankheit. Wenn man in einem normalen Gleichgewichtszustand ist und ein harmonisches physisches Leben führt, besitzt der Körper eine Widerstandskraft. Er trägt in sich eine Atmosphäre, die stark genug ist, um Krankheiten zu widerstehen: Von seiner materiellsten Substanz gehen subtile Schwingungen aus, die die Kraft haben, Krankheiten abzuweisen, sogar Krankheiten, die als ansteckend gelten. Tatsächlich sind alle Krankheiten ansteckend, aber einige Krankheiten gelten als speziell ansteckend. Nun, jemand der – sogar rein äußerlich gesehen – in einem Zustand lebt, in dem seine Organe harmonisch funktionieren, und auch mental hinreichend ausgeglichen ist, besitzt damit auch genügend Widerstandskraft, um nicht angesteckt zu werden. Wenn er aber aus dem einen oder andern Grund sein Gleichgewicht verliert, oder beispielsweise durch Depression, Unzufriedenheit, innere Schwierigkeiten oder Erschöpfung geschwächt ist, verringert das die normale Widerstandskraft des Körpers, und er ist für die Krankheit offen. Betrachten wir aber jemanden, der den Yoga übt, sind die Ursachen des Ungleichgewichts völlig anderer Natur, und die Krankheit wird gewöhnlich zum Ausdruck einer inneren Schwierigkeit, die es zu lösen gilt.

Somit muss jedermann für sich selbst herausfinden, warum er oder sie krank ist.[11]

11 *Gespräche*, 19. Juni 1957

2.

Mikroben oder Viren und Bakterien

Mikroben und Yoga

Aber werden Krankheiten nicht manchmal durch Mikroben verursacht, und sind sie nicht Teil der Bewegung des Yoga?

Wo beginnt der Yoga und wo endet er? Ist nicht euer ganzes Leben Yoga? Krankheitsmöglichkeiten sind immer da in eurem Körper und um ihn herum; da wimmelt es von Viren und Bakterien jeglicher Art, und ihr tragt sie in euch. Wie kommt es, dass ihr ganz plötzlich von einer Krankheit befallen werdet, während sie euch jahrelang nichts anhaben konnte? Ihr mögt sagen, durch eine Schwächung der Vitalkraft. Aber von woher kommt diese Schwächung? Sie geht zurück auf eine Disharmonie im Wesen, auf einen Mangel an Empfänglichkeit für die göttlichen Kräfte. Wenn ihr euch von der Energie und dem Licht abschneidet, die euch aufrechterhalten, dann kommt es zu dieser Schwächung. Es wird etwas geschaffen, was die medizinische Wissenschaft als „günstige Voraussetzungen“ bezeichnet, und etwas bedient sich dessen.

Das sind der Zweifel, Trübsinn, mangelndes Vertrauen, Regungen des Egoismus, die euch vom Licht und der göttlichen Energie abschneiden und euch dem Angriff preisgeben. In solchen Regungen liegt der Ursprung des Krankwerdens und nicht in Viren und Bakterien.

Aber gilt es nicht als erwiesen, dass durch eine verbesserte Hygiene die öffentliche Gesundheit verbessert werden konnte?

Medizin und Hygiene sind unerlässlich im gewöhnlichen Leben, aber ich spreche jetzt nicht vom Durchschnittsmenschen, sondern von jenen, die den Yoga ausüben. Doch sogar für die Öffentlichkeit weist die Hygiene einen Nachteil auf, denn sie verringert zwar die Chancen einer Ansteckung, gleichzeitig mindert sie aber auch die Widerstandskraft. Krankenschwestern, die sich stets die Hände mit Desinfektionsmitteln waschen müssen, stellen fest, dass sie viel ansteckungsanfälliger werden als andere. Andererseits gibt es Leute, die keine Ahnung von Hygiene haben und sich denkbar unhygienisch verhalten, und die sich trotzdem nicht anstecken lassen. Gerade ihre Unwissenheit hilft ihnen, weil sie sie schützt vor den Suggestionen, die mit dem medizinischen Wissen einhergehen. Es ist allerdings auch so, dass euer Glaube an hygienische Maßnahmen wiederum ihre Arbeit unterstützt, denn ihr denkt: „Jetzt bin ich desinfiziert, und somit sicher“, und insoweit seid ihr auch sicher.

Warum müssen wir dann hygienische Vorkehrungen treffen wie das Trinken von gefiltertem Wasser?

Ist jemand unter euch, der rein und stark genug ist, sich von Suggestionen nicht berühren zu lassen? Wenn ihr ungefiltertes Wasser trinkt und denkt: „Jetzt trinke ich unreines Wasser", so werdet ihr fast mit Sicherheit krank. Auch wenn solche Suggestionen nicht in den Kreis eures bewussten Denken dringen mögen, so ist da doch noch euer Unterbewusstes, das jeglichen Suggestionen gegenüber völlig offen ist. Im gewöhnlichen Leben ist die Wirkung des Unterbewussten vorherrschend, und es prägt euch hundert Mal stärker als die bewussten Anteile. Die normale menschliche Verfassung ist ein Zustand voll dunkler Ahnungen und Befürchtungen. Beobachtet ihr euer physisches Mental zehn Minuten lang, so werdet ihr feststellen, dass neun Zehntel eurer Gedanken furchtgeprägt sind – eine Furcht vor vielen Dingen, große und kleine, nahe und ferne, sichtbare und unsichtbare, und obwohl ihr normalerweise keine bewusste Notiz davon nehmt, sind sie doch da. Sich von aller Furcht zu befreien, kann nur durch stete Bemühung und Disziplin erfolgen.[1]

Innere Bedingungen wichtiger als physische

Sind Krankheiten Prüfungen im Yoga?

Prüfungen? – Überhaupt nicht!

Krankheiten sollen euch absichtlich aufgebürdet werden, damit ihr einen Fortschritt macht? – gewiss nicht!

1 *Lehrgespräche und Worte der Liebe 1929-38*, 19. Mai 1929

Das heißt, man kann die Sache auch umkehren: Es gibt Leute, die einen so beständigen und totalen Willen zum Fortschritt haben, dass sie alles, was ihnen zustößt, als Gelegenheit für einen Fortschritt nehmen. Ich kannte Leute, die jede Krankheit als Zeichen der Göttlichen Gnade auffassten, um ihnen einen Fortschritt zu ermöglichen. Sie sagten sich: Das ist ein gutes Zeichen, jetzt muss ich herausfinden, was der Grund meiner Krankheit ist und den notwendigen Fortschritt machen. Ich kannte einige solche Leute, und alle waren sie auf einem wunderbaren Weg. Andererseits gibt es solche, die weit davon entfernt sind, einen Nutzen daraus zu ziehen, und die sich fallen lassen. Umso schlimmer für sie. Aber die wahre Haltung bei jeder Krankheit ist, sich zu sagen: „Da ist etwas nicht in Ordnung, jetzt gilt es herauszufinden, was das ist." Denkt nie, das Göttliche habe euch absichtlich eine Krankheit geschickt, denn das wäre wirklich ein ganz übles Göttliches!

Trotz allem, sind im Wasser nicht Mikroben?

Diese Leute sind in einer solch schlechten physischen, mentalen und vitalen Verfassung, dass sie sich auch ohne das Trinken von Wasser eine Krankheit zuziehen, das kann ich euch versichern! Ihr ganzes Wesen ist in einer beständigen Disharmonie, ihr ganzes physisches Wesen. Nicht unbedingt ihr inneres Wesen, das ist vielleicht in Ordnung, aber die, die sehr gut sind, die widerstehen allem.

Ich habe auch das Gegenteil gesehen – in diesem Land,

hier, Dorfleute, die nur noch Wasser zu trinken hatten, das eigentlich nicht mehr trinkbar war, reiner Schmutz. Das habe ich mit meinen eigenen Augen gesehen. Es war eine gelbliche Schlammbrühe, in der Kühe gewatet waren und alles andere, und durch die sich Leute bewegt hatten, die von der Straße kamen. Sie warfen ihren Unrat ins Wasser, und alles war da drin. Dann habe ich diese Leute gesehen. Sie traten in das Wasser, diese gelbliche Schlammbrühe, und ganz am Ende des Tümpels war ein bisschen Wasser, gelblich, nicht wahr – sie bückten sich, sammelten es in der Handhöhle und tranken es. Dann gab es jene, die nicht einmal warteten, bis sich das Wasser etwas geklärt hatte. Einige wussten um Kräuter, die das Wasser klären ließen; wenn man genügend lange wartet, wird es etwas klarer. Und schließlich gab es jene, die überhaupt nichts wussten und das Wasser tranken, wie es war. Dann erfuhr ich, dass gerade zu dieser Zeit ringsum die Cholera wütete, und ich sagte: „Sind tatsächlich noch Leute am Leben hier in diesem Dorf bei einem solchen Wasser? Man sagte mir: „Wir haben keinen einzigen Cholerafall …“ Sie waren immun geworden, sie hatten sich daran gewöhnt. Wäre aber nur eine einzige Person an Cholera erkrankt, wären vermutlich alle gestorben, denn dann wäre die Angst hinzugekommen, und die Angst hätte ihnen alle Widerstandskraft geraubt, es waren nämlich alles elende, arme Teufel. Vor allem aber ist der moralische Zustand dieser Leute schrecklich, viel mehr noch als deren physische Verfassung – ihr moralischer Zustand.

Es gibt Sadhus, Heilige, die ein Leben in äußerem

Schmutz akzeptieren. Sie waschen sich nie, sie haben nichts von dem, was die Hygiene verlangen würde. Sie leben unter wirklich schmutzigen Umständen – und sind frei von jeglicher Krankheit. Wahrscheinlich deshalb, weil sie Glauben haben und es absichtlich tun. Ihre Moral ist prächtig... Ich spreche von aufrichtigen Leuten, nicht von jenen, die so tun als ob. Sie haben Glauben. Sie denken nicht an ihren Körper, sie denken an das Leben ihrer Seele. Sie haben keine Krankheit. Es gibt welche, die in einem Zustand leben, in dem ein Arm oder ein Bein oder irgendein Körperteil aufgrund ihrer eingenommenen asketischen Körperhaltung völlig steif wurde. Sie können sich nicht mehr bewegen; jeder andere würde sterben unter solchen Bedingungen, sie aber leben weiter, weil sie Glauben haben und es aus freiem Willen tun, es ist eine Sache, die sie auf sich genommen haben.

Somit ist der moralische, innere Zustand wichtiger als der physische. Falls man in einer Umgebung lebte, wo jedermann sauber und ordentlich ist, und drei Tage lang kein Bad nähme, würde man krank werden. Das will nicht heißen, dass ihr kein Bad nehmen solltet! Denn wir wollen keine Sadhus sein, wir wollen Yogis sein. Das ist nicht das Gleiche, wir wollen den Körper in den Yoga integrieren. Also gilt es, alles zu tun, was nötig ist, um ihn fit zu halten. All dies nur, um euch zu sagen, dass der moralische Zustand wichtiger ist als der physische.

Im Übrigen richten diese Leute durch ihren Asketismus ihren Körper willentlich zugrunde, sie quälen sich selbst; wenn jemand anderer dasselbe tun würde, gäbe es einen Aufschrei der Empörung, was für ein Unmensch!

Aber diese Leute tun es eben aus eigenem Antrieb. Sie ertragen es gut, weil es etwas Selbstauferlegtes ist, und fühlen sich von einer Art Heiligenschein umgeben im Gefühl, durch ihr Streben nach dem göttlichen Leben etwas sehr „Bemerkenswertes" getan zu haben![2]

Was ist eine Mikrobe?

Eine Sache beginnt jetzt allgemein anerkannt zu werden, selbst von der Ärzteschaft, nämlich dass zum Beispiel hygienische Maßnahmen nur insoweit wirksam sind, als man sein Vertrauen in sie setzt. Nehmen wir den Fall einer Epidemie. Vor vielen Jahr hatten wir hier eine Cholera-Epidemie – eine wirklich schlimme –, aber der Oberarzt des Spitals war ein energischer Mann: Er entschloss sich, jedermann zu impfen. Beim Verabschieden der geimpften Leute pflegte er ihnen zu sagen: „Jetzt sind Sie geimpft, und nichts kann Ihnen mehr zustoßen; wären Sie aber nicht geimpft, würden Sie mit Sicherheit sterben!" Dies sagte er ihnen in einem Ton der Autorität. Im Allgemeinen dauert eine solche Epidemie eine lange Zeit, und es ist schwierig, sie einzudämmen, aber diesem Arzt gelang es in ca. vierzehn Tagen, sie unter Kontrolle zu bringen; auf jeden Fall unglaublich rasch. Er wusste aber sehr gut, dass die beste Wirkung seiner Impfung aus dem Vertrauen bestand, das er den Leuten einflößte.

Nun, ganz kürzlich haben sie noch etwas

2 *Gespräche*, 22. Juli 1953

herausgefunden, und ich finde das wunderbar. Sie haben entdeckt, dass für jede Krankheit eine Mikrobe existiert, die sie heilen kann (nennen wir das meinetwegen eine Mikrobe, jedenfalls eine Art Keim). Das Außergewöhnliche daran ist, dass diese „Mikrobe“ extrem ansteckend ist, ansteckender noch als die Mikrobe, die die Krankheit verursachte. Diese entwickelt sich im Allgemeinen unter zwei Bedingungen, nämlich bei jenen, die von Natur aus heiter und vital sind, und bei jenen, die einen starken Willen haben, wieder gesund zu werden. Plötzlich erwischen sie die „Mikrobe“ und sind geheilt. Und was das Wunderbare daran ist, wenn eine Person bei einer Epidemie geheilt wird, tun es ihr drei andere unmittelbar gleich. Eben diese Mikrobe findet man bei allen, die geheilt werden.

Doch ich will euch jetzt etwas sagen: Was die Leute für eine Mikrobe halten, ist ganz einfach die Materialisierung einer Schwingung oder eines Willens aus einer anderen Welt. Als ich von diesen medizinischen Entdeckungen erfuhr, sagte ich mir: „Die Wissenschaft macht tatsächlich Fortschritte!“ Fast könnte man noch stimmiger sagen: „Die Materie macht Fortschritte“, sie wird immer empfänglicher für einen höheren Willen. Und was in ihrer Wissenschaft als „Mikrobe“ gilt, wird man schließlich – geht man der Sache auf den Grund – einfach als einen Schwingungsmodus wahrnehmen. Dieser Schwingungsmodus ist die materielle Übertragung eines höheren Willens. Ist man in der Lage, diese Kraft oder diesen Willen, diese Macht, diese Schwingung (wie man es auch nennen will) in gewisse gegebene Umstände einzubringen, wird das nicht nur in euch seine Wirkung zeitigen, sondern, durch Ansteckung, rund um euch herum.[3]

Religiöse Regeln basierend auf hygienischen Prinzipien

Fast jeder Aberglaube ist das Resultat einer örtlich begrenzten, rein zufälligen, außergewöhnlichen Erfahrung, die zu einem mentalen Prinzip erhoben wurde. Es ist eine mentale Formation, ein Gedankengebäude, keine Regel.

Nun gibt es andere Fälle, wie zum Beispiel eine große Anzahl religiöser Regeln, die lediglich auf hygienischen Prinzipien oder medizinischem Wissen beruhen, und zu religiösen Prinzipien erhoben wurden. Dies war der einzige Weg, damit man ihnen Beachtung schenkte. Wenn den Menschen nicht gesagt wird, „Gott will", dass dieses oder jenes getan werde, tun es die meisten nicht. Nehmen wir dieses einfache Beispiel, sich vor dem Essen die Hände zu waschen: In Ländern, deren Kultur kaum von der Wissenschaft geprägt war, entdeckte man, dass es tatsächlich hygienischer war, sich vorher die Hände zu waschen! Hätte man daraus keine religiöse Regel gemacht, hätte man nicht gesagt, „Gott will", dass ein Mensch sich vor dem Essen die Hände wäscht, sonst sei Er beleidigt, hätte man sich gesagt: „Ach, was soll's! Nein, heute nicht, morgen dann. Ich habe keine Zeit, ich hab's eilig!" Aber

3 *Gespräche*, 14. März 1953

so lauert im Hintergrund ihres Bewusstseins eine ständige Angst, dass sie sich Gottes Zorn zugezogen haben und sie dafür büßen müssen. Auch dies ist ein Aberglaube, und kein geringer dazu.[4]

4 *Gespräche*, 15. Juli 1953

3.

Angst

Die eigentliche Krankheit ist die Angst

Die eigentliche Krankheit ist die *Angst.* Wirf die Angst aus dem System, und die Krankheit wird weggehen.[1]

*

Die erste Sache, von der man sich ein für alle Mal kurieren sollte, ist die *Angst.* Sie ist gefährlicher als die schlimmste Krankheit.[1]

*

Die Angst ist es – ob mehr oder weniger bewusst –, die jegliches Unheil anrichtet.

Ohne Angst kann euch nichts zustossen.[1]

*

Quäle dich nicht, mach dir keine Sorgen; versuche vor allem, die Angst von dir zu weisen. Die Angst ist eine gefährliche Sache, die etwas Bedeutung verleiht, das es überhaupt nicht verdient. Die bloße Angst, dass sich

1 Unveröffentlicht

gewisse Symptome erneuern könnten, genügt schon, um diese Wiederholung zu bewirken.

*

Mein Rat ist, sich keine Sorgen zu machen. Je mehr du daran denkt, je mehr du deine Aufmerksamkeit der Sache zuwendest, und vor allem, je mehr Angst du hast, desto größeren Raum gibst du der Sache zu wachsen.

Wendest du deine Aufmerksamkeit und dein Interesse jedoch anderswohin, vergrößerst du die Möglichkeiten der Heilung.[2]

*

Jegliche Angst muss überwunden und durch ein totales Vertrauen in die Göttliche Gnade ersetzt werden.[3]

Angst und der Druck des Yoga

Neun Zehntel der Gefahr einer Krankheit rühren von der Angst her. Die Angst kann einem die scheinbaren Symptome einer Krankheit geben; sie kann einen sogar krank werden lassen, so mächtig sind ihre Auswirkungen. Kürzlich erfuhr die Frau eines Ashram-Besuchers, die selbst nicht Yoga übt, von einem Cholerafall in dem Haus, wo ihr Milchmann wohnt. Sie bekam Angst, und unmittelbar darauf begannen sich die Symptome der Krankheit zu zeigen. Jedoch wurde sie rasch geheilt, da

---

2 *Champaklal's Treasures*, S. 69
3 Unveröffentlicht

wir es nicht zuließen, dass sich die äußeren Symptome in eine wirkliche Krankheit entwickelten.

Es gibt physische Vorgänge, die vom Druck des Yoga herrühren und manchmal zu Befürchtungen führen, die nicht berechtigt sind. Allerdings können sie Schmerzen erzeugen, wenn die Angst nicht zurückgewiesen wird. Zum Beispiel ist da ein gewisser Druck im Kopf, von dem wir schon gesprochen haben und den viele spüren, vor allem zu Beginn [des Yoga], wenn in ihnen etwas noch verschlossen ist und sich öffnen muss. Das ist ein Unbehagen ohne große Bedeutung, das sich leicht überwinden lässt, wenn man weiß, dass es durch den Druck von Kräften verursacht wird, die im Körper mit Macht ein schnelles Ergebnis erzeugen und die Transformation beschleunigen wollen. Bleibt man ruhig dabei, kann sich das rasch in eine durchaus angenehme Empfindung wandeln. Wird man aber unruhig, so bekommt man gewiss heftige Kopfschmerzen, manchmal sogar Fieber. Das Unbehagen geht auf einen Widerstand in der Natur zurück. Wenn ihr es versteht, den Widerstand loszulassen, so seid ihr das Unbehagen im Nu los; doch sorgt ihr euch weiterhin, kann sich diese einfache Unpässlichkeit in etwas viel Schlimmeres verwandeln. Was immer auch eure Erfahrung sei, gebt der Angst nie Raum. Ihr müsst ein unerschütterliches Vertrauen bewahren und fühlen, dass gleich, was geschieht, es genau so zu sein hat. Habt ihr euch einmal für den Weg entschieden, müsst ihr alle Konsequenzen eurer Wahl mutig akzeptieren. Wenn ihr wählt und wieder zurückweicht, um dann von Neuem zu wählen und wieder zurückzuweichen, stets zögernd, stets zweifelnd, stets ängstlich, so schafft ihr eine Disharmonie in eurem Wesen, die nicht nur euren Fortschritt verzögert, sondern alle möglichen Störungen im mentalen und vitalen Wesen, sowie Unbehagen und Beschwerden im Körper verursachen kann.[4]

Angst im mentalen, vitalen und physischen Wesen

Kann man durch Angst krank werden?

Ja. Ich kannte jemanden, der so voller Angst war, dass er die Cholera bekam. Im Haus nebenan war die Cholera ausgebrochen, und das machte ihm solche Angst, dass er die Krankheit bekam, und dies aus keinem ersichtlichen Grund, einzig durch Angst. Das kommt übrigens recht häufig vor; bei einer Epidemie ist das überwiegend so. Durch Angst öffnet sich die Türe, und man bekommt die Krankheit. Diejenigen aber, die keine Angst haben, die können frei herumgehen und lassen sich im Allgemeinen nicht anstecken. Doch gilt immer noch, wie schon gesagt, dass zwar im Mentalen keine Angst da sein mag; vielleicht auch im Vitalen nicht, aber wer hat schon keine Angst im Körper selbst?... Sehr wenige.

Es erfordert eine strikte Disziplin, um den Körper von der Angst zu heilen. Einzig durch Disziplin, durch den Yoga, lässt sich diese Angst überwinden. Es ist jedoch eine Tatsache, dass man sich irgendetwas durch die Angst

---

4 *Lehrgespräche und Worte der Liebe 1929-38*, 16. Juni 1929

holen kann – das gilt sogar für Unfälle. Eigentlich, von einem bestimmten Standpunkt aus gesehen, ist alles ansteckend. Ich kannte jemanden, der durch sein bloßes Erschaudern beim Anblick der Wunde eines andern selbst eine Wunde bekam!

Was ist der Unterschied zwischen einer mentalen, vitalen und physischen Angst?

Wenn ihr euch der Regungen eures Mentals, eures Vitals und eures Physischen bewusst seid, wisst ihr es.

Was das Mental betrifft, das ist sehr einfach: Das sind Gedanken. Man beginnt zum Beispiel zu denken, da ist diese Krankheit, und diese Krankheit ist sehr ansteckend, vielleicht wird man angesteckt, und wenn man die Krankheit erwischt, wird das ganz schrecklich sein, was soll ich nur tun, um mich nicht anzustecken?... So beginnen die Gedanken zu vibrieren: Was wird morgen wohl geschehen?, und so fort.

Das Vital – das fühlt man. Man fühlt es in seinen Empfindungen. Ganz plötzlich wird einem heiß und kalt, man schwitzt, oder es geschehen alle möglichen unangenehmen Dinge. Das Herz beginnt zu rasen, und plötzlich hat man Fieber, und dann beginnt das Blut zu stocken, und man empfindet Kälte.

Physisch, nun ... Wenn man die anderen beiden Ängste nicht mehr hat, kann man sich der physischen Angst bewusst werden. Im Allgemeinen sind die anderen zwei viel bewusster. Sie verhüllen die physische Angst. Hat man aber keine mentale oder vitale Angst mehr, kann man sich ihrer bewusst werden. Das ist ein eigenartiges kleines Vibrieren, das sich in den Zellen ausbreitet – sie beginnen zu zittern. Aber die Zellen, das ist nicht wie beim Herz, das pocht. Es ist in den Zellen selbst: Es zittert, ein kleines Zittern. Und das ist in den Griff zu bekommen, ist schwierig. Doch es lässt sich tun.

Sicher haben die meisten von euch das schon erlebt, wie zum Beispiel beim Ausführen einer Übung, mit der man nicht vertraut ist oder die man zum ersten Mal macht: Das gleicht winzig kleinen Vibrationen, die sich in allen Zellen ausbreiten. Daraufhin verliert man natürlich die volle Kontrolle über seine Bewegungen, da der Körper nicht mehr auf die Kraft reagiert. Wenn man den Willen einsetzen will, um etwas zu tun, bewirkt das natürlich eine Art Widerstand und Unfähigkeit im Körper. Allerdings nimmt man dies gewöhnlich nicht wahr, weil die Aufmerksamkeit von der mentalen Besorgnis oder dieser Art vitalen Gegenreaktion in Beschlag genommen ist, welche im Bewusstsein vorherrschen, während man sich des im Körper erzeugten Widerstands nicht gleichermaßen bewusst ist. Im Sport (Leichtathletik und alle Wettkampf-Sportarten) wirkt sich das im Allgemeinen folgendermaßen aus: Ihr habt sicher am Beispiel von Freunden bemerkt, dass einige bei Wettbewerben besser abschneiden als üblich, während andere, die sonst gute Leistungen zeigen, im entscheidenden Moment fast außer Gefecht gesetzt werden. Sie schneiden viel schlechter ab. Nun, das ist natürlich eine Auswirkung dieses leichten Vibrierens; dann verliert man die volle Kontrolle. Der Wille hat den Körper nicht mehr voll in der Gewalt, denn er vibriert und reagiert auf andere Kräfte als die eurigen... Natürlich spreche ich hier nicht von jenen, in deren Kopf ein Wirbel ist oder deren Vital völlig durcheinander ist. Da ist nicht viel zu machen, sie würden es besser gar nicht versuchen. Nein, ich spreche hier von denen, die eine gewisse Kontrolle über sich selbst haben, die trainiert sind, aber dann, bei einem Wettbewerb, nicht ihr ganzes Können abzurufen vermögen. Dies geht auf einen Mangel an Empfänglichkeit im Körper zurück, der von diesem kleinen Zittern in den Zellen beherrscht wird; ihr seid euch dessen nicht bewusst, aber genau dies bringt alles ins Stocken, und der Körper ist nicht mehr in der Lage, die Kraft voll zu empfangen.[5]

Physische Angst – eine Angst in den Zellen

Vom üblichen Gesichtspunkt aus gesehen, ist die Ursache von Krankheit gewöhnlich Angst, sei dies eine mentale Angst, eine vitale Angst, fast immer aber eine physische Angst, eine Angst in den Zellen selbst. Angst ist es, die jeglicher Ansteckung Tür und Tor öffnet.

Die mentale Angst: Alle, die ein wenig Selbstkontrolle oder ein Gefühl für menschliche Würde haben, können sie ausschalten. Die vitale Angst ist subtiler und erfordert eine größere Kontrolle. Was die physische Angst betrifft, da braucht es einen eigentlichen Yoga, um sie zu überwinden, denn die Körperzellen haben vor allem

5 *Gespräche*, 22. Juli 1953

Angst, was unangenehm und mühselig ist. Sobald sich ein Unbehagen einstellt, wie geringfügig auch immer, werden die Körperzellen ängstlich; sie mögen es nicht, sich unbehaglich zu fühlen. Um dies in den Griff zu bekommen, braucht es die Kontrolle eines bewussten Willens. Gewöhnlich ist es diese Art Angst, die Krankheiten einlädt. Wohlgemerkt, ich spreche hier nicht von den ersten beiden Typen der Angst, die – wie bereits erwähnt – jedes Menschenwesen, das im nobelsten Sinn des Wortes Mensch sein will, überwinden muss, denn alles andere wäre Feigheit. Die physische Angst zu besiegen, ist jedoch schwieriger; ohne sie wäre man in der Lage, die schlimmsten Angriffe zurückzuweisen. Verfügt man über ein Minimum an Kontrolle über den Körper, kann man deren Auswirkungen vermindern, aber das ist noch keine Immunität. Es ist diese Art von Zittern einer materiellen, physischen Furcht in den Körperzellen selbst, die die Krankheit verschlimmert.

Einige Leute sind von Natur aus, selbst in ihrem Körper, frei von Angst. Sie verfügen über ein ausreichendes vitales Gleichgewicht, um vor nichts Angst zu haben. Auch ist ihr physischer Lebensrhythmus von einer natürlichen Harmonie, die es ihnen ermöglicht, die Krankheit spontan auf ein Minimum zu reduzieren. Andererseits gibt es welche, bei denen die Sache stets so schlimm wird wie immer möglich, manchmal bis hin zu einer Katastrophe. Da haben wir die ganze Spannweite, was sich leicht erkennen lässt. Nun, dies hängt von einer Art ausgeglichenem Rhythmus der Bewegung des Lebens in ihnen ab, die entweder harmonisch genug ist, um äußeren

Krankheitsattacken zu widerstehen, oder aber nicht oder nicht ausreichend genug vorhanden ist, und an deren Stelle dieses ängstliche Zittern tritt, diese Art instinktive Furcht, die jeden nur im Mindesten unangenehmen Kontakt in etwas Schmerzhaftes und Schädliches verwandelt. Die ganze Spannweite eben, von einem, der durch die schlimmsten, ansteckendsten Epidemien gehen kann, ohne sich je anzustecken, bis zu jenem, der beim kleinsten Anlass krank wird. Das hängt also ganz natürlich von der Konstitution des Einzelnen ab, und sobald man sich um einen Fortschritt bemüht, hängt der Erfolg offensichtlich vom Grad der erworbenen Selbstbemeisterung ab, bis zu dem Stadium, wo der Körper zum folgsamen Instrument des Höheren Willens wird und zuverlässlich Widerstand gegenüber allen Krankheitsattacken bietet.

Kann man aber die Angst eliminieren, ist man schon fast in Sicherheit. Epidemien zum Beispiel, oder sogenannte Epidemien wie die, die im Moment wütet, rühren in neunundneunzig Fällen von hundert von der Angst her: Eine Angst, die dann, gefördert durch Zeitungsartikel, loses Geschwätz etc. gar eine mentale Angst in ihrer elendesten Form wird.[6]

6 *Gespräche*, 19. Juni 1957

Warum hat man Angst?

Warum ist es so schwierig, den Körper zu überzeugen [keine Angst zu haben], wenn es einem gelungen ist, sich auf mentaler und vitaler Ebene zu befreien?

Das ist so, weil bei den allermeisten Menschen der Körper seine Eingebungen vom Unterbewussten empfängt, er steht unter dem Einfluss des Unterbewussten. Alle Ängste, die aus dem aktiven Bewusstsein vertrieben wurden, flüchten sich dorthin und müssen dann natürlich von dort vertrieben und entwurzelt werden.

Warum hat man Angst?

Ich nehme an, weil man egoistisch ist!

Da sind drei Gründe: Erstens, eine übermäßige Beschäftigung mit der eigenen Sicherheit. Dann, was man nicht weiß, führt stets zu einem unbehaglichen Gefühl, das sich im Bewusstsein in Form einer Angst ausdrückt. Vor allem aber hat man nicht die Gewohnheit eines spontanen Vertrauens in das Göttliche. Schaut man genügend tief, ist das der wahre Grund. Es gibt Menschen, die nicht einmal wissen, dass *D*as existiert, aber in andern Worten könnte man ihnen auch sagen: „Du hast kein Vertrauen in dein Schicksal" oder „Du weißt nichts von der *G*nade", irgendetwas, man nenne es, wie man will, aber ganz zuunterst ist da immer ein Mangel an Vertrauen. Wenn man immer das Gefühl hätte, dass unter allen Umständen das Beste für einen geschieht, dann hätte man auch keine Angst.[7]

Die unterbewusste Angst des Körpers

Ihr dürft keine Angst haben. Die meisten eurer Probleme rühren von der Angst her. Tatsächlich sind neunundneunzig Prozent aller Krankheiten das Resultat einer unterbewussten Angst im Körper. Im gewöhnlichen Bewusstsein des Körpers herrscht eine mehr oder weniger verborgene Angst vor den Konsequenzen der geringsten physischen Störung. In Worte übersetzt sich das als die bange Frage: „Was wird wohl geschehen?“ Genau diese Angst muss man in den Griff bekommen. Eigentlich ist diese Angst ein Mangel an Vertrauen in die göttliche Gnade, ein unfehlbares Zeichen, dass die Selbsthingabe noch nicht ganz vollkommen ist.

Als praktisches Mittel zur Überwindung dieser unterbewussten Angst, wann immer ein Teil von ihr an die Oberfläche tritt, muss der einsichtigere Teil des Wesens den Körper von dreierlei Dingen überzeugen: Der Notwendigkeit eines totalen Vertrauens in die Göttliche Gnade, der Gewissheit, dass diese Gnade in einem selbst und in allen anderen stets zum Besten wirkt, und der Entschlossenheit sich vollständig und vorbehaltslos dem Göttlichen Willen zu unterwerfen.

Der Körper muss durch beharrliche Einflussnahme

7 *Gespräche*, 14. März 1951

erkennen, dass seine Essenz göttlich ist und uns nichts schaden kann, wenn das Wirken des Göttlichen nicht beeinträchtigt wird. Dieser Prozess muss stetig fortgeführt werden, bis jegliches Wiederaufflackern von Angst unterbunden worden ist. Selbst dann, wenn die Krankheit wieder auftritt, wird ihre Stärke und Dauer erheblich verringert sein, bis sie endlich definitiv besiegt ist.[8]

8 *Words of the Mother*, CWM 15: 140

4.

Unfälle

Physische Unglücksfälle sollen Gleichmut lehren

Physische Unglücksfälle kommen immer als Lektionen, um einen *Gleichmut* zu lehren und alles in uns ans Licht zu bringen, was rein und leuchtend genug ist, um davon nicht berührt zu werden.

Im Gleichmut liegt das Heilmittel.

Ein wichtiger Punkt: Gleichmut ist nicht gleichbedeutend mit Gleichgültigkeit.[1]

*

Seit geraumer Zeit habe ich alle möglichen kleinen Unfälle und Verletzungen, was mich beunruhigt, denn all meine Bemühungen, sie zu vermeiden, scheinen vergeblich zu sein. Was soll ich tun?

Du brauchst dich über diese Kleinigkeiten nicht zu grämen; für sich genommen sind sie nicht von Bedeutung. Ihr Nutzen liegt darin, uns zu zeigen, wo sich in unserer

1 *Gazette Aurovilienne*, Bd. I, Nr. 7, S. 24

Natur immer noch Unbewusstheit verbirgt, so dass wir Licht dorthin bringen können.[2]

Unfälle: Natürliche Auswirkungen eines Fehlverhaltens

Sind Krankheiten und Unfälle das Resultat schlechter Handlungen oder Gedanken, einer Minderung des eigenen Bewusstseins? Falls ein Fehler oder ein Verschulden die Ursache sind, wie soll man das wissen?

Das hat nichts mit *Bestrafung* zu tun. Es handelt sich dabei um natürliche und normale Konsequenzen eines Fehlers, eines Mangels oder eines Verschuldens, welche notwendigerweise Konsequenzen haben. Tatsächlich ist alles in dieser Welt eine Frage von Gleichgewicht und Ungleichgewicht, von Harmonie oder Unordnung. Die Schwingungen der Harmonie ziehen harmonische Ereignisse herbei und fördern sie; die Schwingungen eines Ungleichgewichts schaffen sozusagen ein Ungleichgewicht in den Umständen (Krankheiten, Unfälle etc.). Dies kann sich auf kollektiver oder individueller Ebene zeigen. Das Prinzip jedoch bleibt das Gleiche – desgleichen das Heilmittel, nämlich das Kultivieren von Ordnung und Harmonie, von Frieden und Ausgewogenheit durch eine rückhaltlose Hingabe an den Göttlichen Willen.[3]

2 *Mother India*, Mai 1953, S. 6
3 *Bulletin*, April 1975, S. 41-43; vgl. auch *Mutters Agenda*, 7. Juli 1965

Unfälle: Pessimismus und Furcht

Und wenn der Körper durch eine Krankheit entstellt ist?

Das mag ein Unfall sein, weißt du. Unfälle gehen auf viele Dinge zurück; tatsächlich sind sie das Resultat eines Aufeinanderprallens der Kräfte in der Natur – ein Konflikt zwischen den Kräften des Wachstums und Fortschritts und den Kräften der Zerstörung. Wenn es zu einem Unfall kommt mit dauerhaften Auswirkungen, so ist das immer die Folge eines mehr oder weniger vollständigen Siegs der Gegenkräfte, also der Kräfte des Zerfalls und der Zerrüttung.

Es gibt Lehren wie zum Beispiel die Theosophie, die Karma in einem völlig oberflächlichen und rein menschlichen Sinn deuten, und einem sagen: „Oh, du hast diesen Unfall erlitten, weil du in einem früheren Leben etwas Schlechtes getan hast, und so fällt das jetzt auf dich zurück in Form eines Unfalls." Das ist nicht wahr, überhaupt nicht! Das ist nichts als menschliche Gerechtigkeit, es ist weder die Gerechtigkeit der Natur noch die des Göttlichen.

Natürlich ist die jeweilige Beschaffenheit des Körpers von großer Bedeutung, denn ist er zum Beispiel geprägt von Niedergeschlagenheit, Pessimismus, Entmutigung, einem Mangel an Glaube und Vertrauen ins Leben, wenn all dies sozusagen in Fleisch und Blut übergeht, dann ziehen sich derartige Leute einen Unfall regelmäßig an, wenn Gefahr droht. Jedes Mal, wenn eine Möglichkeit besteht, dass ihnen etwas zustößt, realisiert sich diese

Möglichkeit, sei es in Form einer Krankheit oder eines Unfalls. Das eröffnet ein ganzes Studienfeld – es sind immer die gleichen Leute, die einen Unfall erleiden. Andere tun genau das Gleiche, es besteht eine ebensolche Unfallgefahr, aber es geschieht ihnen nichts. Beobachtet man ihren Charakter, erkennt man, dass die Ersteren eine Tendenz zum Pessimismus haben und mehr oder weniger damit rechnen, dass ihnen etwas Unangenehmes zustößt – und dann passiert es auch! Oder aber sie haben Angst. Wie wir wissen, zieht man sich immer das an, was man befürchtet. Wenn man Angst hat vor einem Unfall, wirkt das wie ein Magnet, der den Unfall anzieht. In diesem Sinne lässt sich sagen, dass er eine Auswirkung des Charakters ist. Ebenso verhält es sich mit Krankheiten. Es gibt Leute, die sich unter Kranken bewegen und an Orte gehen können, wo Seuchen wüten, und trotzdem nie krank werden. Andere wiederum lassen sich anstecken, wenn sie nur eine Stunde bei einem Kranken verbringen. Auch da kommt es darauf an, was sie in sich tragen.

Gilt das auch für Kinder?

Das kann man nicht sagen. Es ist keine moralische Frage. Man sollte das nicht von einem moralischen Standpunkt aus betrachten und sagen, dass jene, die immer gesund sind und denen nichts passiert, „gute Kinder“ sind, und jene, die einen Unfall erleiden und schlimme Dinge erleben, „schlecht“ seien. Das ist nicht korrekt, denn, wie ich schon sagte, ist die Logik der Natur keine menschliche Logik, und ihr Sinn für Gerechtigkeit (sofern sie einen hat) entspricht nicht der menschlichen Auffassung. Für sie ist die Frage von Gut und Böse kaum von Belang. Viel eher könnte man sagen, dass es ein „konstruktiv" und „destruktiv" gibt, etwas Fortschrittsorientiertes und etwas Rückwärtsgewandtes. Das ist in der Tat sehr wichtig. Dann haben wir jene, die heiter und strahlend sind, dem Leben mit einem Lachen begegnen, und jene, die freudlos und bedrückt sind, menschenfeindlich, unzufrieden, die in einem Grauschleier leben. Die Letzteren ziehen sich alle möglichen unangenehmen Dinge an. Die Strahlenden aber (sie mögen strahlen ohne einen spirituellen Glanz, einfach eine Ausstrahlung von guter Laune, Ausgeglichenheit, innerer Zuversicht und Lebensfreude), jene, die eine Lebensfreude in sich tragen, die sind in Harmonie mit der Natur, und dadurch entgehen sie im Allgemeinen Unfällen, sie sind immun gegen Krankheiten, und ihr Leben entwickelt sich angenehm, soweit dies in unserer Welt, wie sie ist, überhaupt möglich ist.[4]

Unfälle – eine Schwächung des Bewusstseins

Was sind die Gründe für einen Unfall? Werden sie durch ein Ungleichgewicht verursacht?

Wenn man tiefer geht … Rein äußerlich gibt es viele Ursachen, aber da ist ein tieferer Grund, der immer da ist. Kürzlich sagte ich, dass wenn die Nervenhülle intakt

4 *Gespräche*, 27. Januar 1954

ist, Unfälle vermieden werden können, und sogar, wenn es zu einem Unfall kommt, hat er keine Konsequenzen. Sobald aber die Nervenhülle des Wesens eine Verletzung aufweist, sie sozusagen angekratzt ist, wird es je nach Natur dieses „Kratzers", seiner Lage, seiner Beschaffenheit zu einem Unfall kommen, der exakt der Schwächung des Widerstands in der Hülle entspricht. Ich glaube, der psychologische Zusammenhang ist fast allen klar, nämlich dass Unfälle nur passieren können, wenn man eine Art ungutes Gefühl hat, nicht ganz bewusst und Meister seiner selbst ist, wenn man sich unbehaglich fühlt. Auf jeden Fall trifft es im Allgemeinen zu, dass die Leute unter dem Eindruck stehen, nicht ganz sie selbst zu sein, sich dessen, was sie tun, nicht ganz bewusst zu sein. Wäre man völlig präsent, hellwach im Bewusstsein, käme es zu keinem Unfall, man würde genau das Richtige tun, die notwendige Bewegung ausführen, um den Unfall zu vermeiden. Somit handelt es sich in einem fast absoluten Sinn um eine Schwächung oder Minderung des Bewusstseins. Es kann auch sein, dass das Bewusstsein in einem „höheren Bereich" weilt; zum Beispiel – ohne hier von spirituellen Dingen zu sprechen – kann jemand damit beschäftigt sein, mental ein Problem zu lösen und ist innerlich dermaßen auf dieses Problem konzentriert, dass er äußeren Dingen gegenüber unaufmerksam wird. Wenn diese Person sich dann zufällig auf einer Straße oder in einer Menschenmenge befindet, innerlich absorbiert durch das Problem, wird sie nicht die richtige Bewegung ausführen, um den Unfall zu vermeiden, und der Unfall passiert. Ebenso verhält es sich beim Sport oder beim

Spielen – man kann dies sehr leicht beobachten, da ist immer diese Schwächung oder Minderung des Bewusstseins, wenn Unfälle passieren, ein Mangel an Wachsamkeit, eine kleine Abwesenheit, plötzlich denkt man an etwas anderes, die Aufmerksamkeit ist abgelenkt, kurz, man ist sich dessen nicht voll bewusst, was man tut, und der Unfall passiert.

Wie ich euch schon am Anfang sagte, wenn die Nervenhülle aus dem einen oder andern Grund, sei es aus Schlafmangel, fehlender Ruhe, einer absorbierenden Tätigkeit oder anderen Dingen, die einen ermüden, ein wenig geschwächt ist, man also nicht ganz Herr der Dinge ist, funktioniert sie nicht mehr perfekt, und irgendein Kräftestrom, der durch einen hindurchgeht, kann zu einem Unfall führen. Letzten Endes rührt ein Unfall immer von da her, was man als eine Unaufmerksamkeit oder eine Minderung des Bewusstseins bezeichnen könnte. Es gibt Tage, an denen man sich … nicht gerade unwohl, aber doch nicht ganz bei sich fühlt, man rennt etwas nach, das sich einem entzieht, man ist wie benommen – genau dies sind Unfalltage. Da muss man aufpassen. Das will nicht heißen, dass ihr euch in euer Zimmer verkriechen und nicht mehr rühren sollt, wenn ihr euch so fühlt. Vielmehr gilt es an solchen Tagen umso aufmerksamer und auf der Hut zu sein und sich eben nicht von dieser Unaufmerksamkeit, dieser Schwächung des Bewusstseins einnehmen zu lassen.[5]

---

5 *Gespräche*, 2. April 1951

Teil II:

Heilung von Krankheit

1.

Die Göttliche Gnade

Universale Natur und Göttliche Gnade

Gerechtigkeit ist der strikte logische Determinismus der Bewegung der Universalen Natur.

Krankheit ist dieser Determinismus in seiner Anwendung auf den materiellen Körper. Das medizinische Denken, das auf dieser unabwendbaren Gerechtigkeit beruht, ist bemüht, Bedingungen zu schaffen, die nach den Gesetzen der Logik zu guter Gesundheit führen...

Allein die Göttliche Gnade hat die Macht, da einzugreifen und den Lauf der Universellen Gerechtigkeit zu verändern.[1]

Die sogenannten Naturgesetze

Ich könnte hier vielleicht eine praktische Bemerkung einfügen... über die sogenannten Naturgesetze, Ursachen

---

1 *Words of the Mother*, CWM 14: 83

und Wirkungen und die „unvermeidlichen" Folgen auf materieller Ebene, insbesondere auf gesundheitlichem Gebiet; dass es zum Beispiel zwangsläufig Folgen hat, wenn man nicht gewisse Vorsichtsmaßnahmen trifft, nicht richtig isst, gewisse Regeln nicht befolgt.

Das ist so. Sieht man dies aber vor dem Hintergrund des eben Gesagten, nämlich, dass keine zwei Kombinationen auf der Welt identisch sind, wie lassen sich dann Gesetze aufstellen, und was ist die absolute Wahrheit dieser Gesetze?... Sie existiert nicht.

Wenn ihr logisch seid, natürlich im Sinne einer höheren Logik –, wie kann sich denn irgendetwas wiederholen, da ja keine zwei Dinge, zwei Kombinationen, zwei Manifestationen auf der Welt identisch sind? Es kann nur dem Anschein nach so sein, ist aber keine Tatsache. Derart starre Gesetze aufzustellen, würde einen von der schöpferischen Kraft des Geistes abschneiden, würde einen von der wahren Macht der Gnade abtrennen, denn ihr könnt sicher begreifen: Wenn ihr durch euer Streben oder durch eure Haltung ein neues, höheres Element – was wir jetzt das supramentale Element nennen – in die vorhandenen Kombinationen einbringt, dann seid ihr fähig, deren Beschaffenheit zu ändern, und all diese sogenannt notwendigen und unvermeidlichen Gesetze werden zu Absurditäten! Damit meine ich nicht, dass man all die augenscheinlichen Gesetze der Oberfläche verneint, denn das Mental stellt viele Gesetze auf, und die Oberflächenwirklichkeit scheint sich geflissentlich diesen Gesetzen zu beugen, aber das ist nur dem Anschein nach so.

In andern Worten, mit eurer Auffassung der Dinge,

eurer Haltung und eurer Annahme gewisser vermeintlichen Gesetze, verschließt ihr euch selber die Türe vor der Möglichkeit des Wunders – es sind keine Wunder, wenn man weiß, wie sie zustande kommen, aber dem äußeren Bewusstsein erscheinen sie offensichtlich als mirakulös. Dabei seid *ihr selbst* es, indem ihr euch mit einer scheinbar ganz vernünftigen Logik sagt: „Nun, wenn ich dies tue, wird notwendigerweise das geschehen, oder wenn ich es nicht tue, dann jenes andere", ihr selbst seid es, die ihr euch die Türe verschließt, als ob ihr einen eisernen Vorhang zwischen euch und dem freien Wirken der Gnade schieben würdet.

Wie schön wäre doch die Vorstellung, dass das höchste wesenhaft freie Bewusstsein, das über die universelle Manifestation herrscht, in seiner Wahl voller Phantasie sein und die Dinge nach einer anderen Logik als der des menschlichen Verstandes gestalten könnte, einer Logik im Einklang mit dem Gang des Unvorhergesehen!

Dann wären den Möglichkeiten, dem Unerwarteten, dem Wunderbaren keine Grenzen mehr gesetzt, und man könnte sich die herrlichsten und entzückendsten Dinge erträumen von diesem völlig frei waltenden Willen, der ewig mit allen Elementen spielt und unaufhörlich neue Welten schafft, ohne jeglichen logischen Bezug zu den vorausgehenden alten!

Könnt ihr euch vorstellen, wie zauberhaft das wäre? Wir haben genug von der Welt, wie sie ist! Warum sie nicht wenigstens in der Phantasie zu dem werden zu lassen, was sie sein sollte?

Ich erzähle euch das, damit jeder Einzelne von euch so

wenig Barrieren wie möglich in den Weg der zukünftigen Möglichkeiten stellen möge. Das ist mein Fazit.

Ich weiß nicht, ob ich mich verständlich ausgedrückt habe, aber sicher wird der Tag kommen, wo ihr wisst, was ich meine. Voilà.[2]

Das Schicksal lässt sich verändern

Durch yogische Disziplin kann man nicht nur sein Schicksal voraussehen, sondern es auch modifizieren, ja sogar fast vollständig verändern. In erster Linie lehrt uns der Yoga, dass wir kein einheitliches Wesen sind, eine einfache Wesenheit, die notwendigerweise ein einheitliches, einfaches und logisches Einzelschicksal aufweist. Vielmehr müssen wir die Tatsache anerkennen, dass das Schicksal der meisten Menschen komplex ist, bis hin zu einer totalen Zusammenhangslosigkeit. Ist es nicht diese komplexe Natur, die uns den Eindruck des Unerwarteten, einer Unbestimmtheit und folglich nicht Voraussagbarkeit gibt?

Um das Problem in den Griff zu bekommen, gilt es zuallererst zu wissen, dass alle Lebewesen, und vor allem die Menschenwesen, aus einer Kombination verschiedener Wesensteile bestehen. Alle diese Teile kommen zusammen und durchdringen sich gegenseitig; manchmal organisieren sie sich und ergänzen einander, manchmal stehen sie sich gegenüber und widerstreiten sich. Jeder

---

2 *Gespräche*, 3. Oktober 1956

einzelne dieser Wesensteile oder Wesenszustände gehört einer eigenen Welt an und trägt sein eigenes Schicksal, seinen eigenen Determinismus in sich. Aus der Kombination all dieser Determinismen – eine zuweilen sehr heterogene Mischung – ergibt sich das Schicksal eines Individuums. Da sich aber Organisation und Beziehung dieser Wesensteile durch persönliche Disziplin und Einsatz des Willens verändern lassen, und da diese verschiedenen Determinismen je nach Konzentration des Bewusstseins unterschiedlich aufeinander einwirken, ist ihre Kombination immer wieder anders und deshalb unvorhersehbar.

Beispielsweise ergibt sich das physische oder materielle Schicksal einer Person durch die mütterliche und väterliche Ahnenreihe, aus den physischen Bedingungen und Umständen, in die hinein jemand geboren wird. Somit sollten die Ereignisse des physischen Lebens, der Gesundheitszustand und die ungefähre Lebensdauer des Körpers voraussehbar sein. Hier kommt aber die besondere Beschaffenheit des vitalen Wesens ins Spiel, d.h. das Wesen der Wünsche, Begierden und Leidenschaften, aber auch der triebhaften Energie und des aktiven Willens, das sein eigenes Schicksal in sich trägt. Dieses Schicksal hinwiederum beeinflusst die physische Bestimmung und kann diese vollständig verändern, nicht selten auch zum Schlimmeren. Wird zum Beispiel eine Person, die aufgrund ihrer Anlage ein sehr gutes physisches Gleichgewicht aufweist und deshalb mit einer sehr guten Gesundheit in ihrem Leben rechnen könnte, durch ihr Vital zu allen möglichen Exzessen, schlechten Gewohnheiten oder sogar Lastern verführt, kann sie dadurch ihre gute physische Bestimmung teilweise zunichte machen und die Harmonie von Gesundheit und Kraft verlieren, die ihr bestimmt gewesen wäre ohne diese unglücklichen Hinzufügungen. Dies ist nur *ein* Beispiel. Das Problem ist jedoch viel komplexer, denn zur jeweiligen physischen und vitalen Bestimmung gesellen sich die mentale und seelische Bestimmung, und viele andere dazu.

Je weiter ein Mensch in der menschlichen Entwicklung fortgeschritten ist, je komplexer sein Wesen, desto vielfältiger sind seine Bestimmungen und desto weniger scheint sein Schicksal als Folge davon voraussehbar zu sein. Das ist allerdings nur scheinbar so. Das Wissen um diese verschiedenen Wesenszustände und ihre entsprechenden inneren Welten versetzt einen zugleich in die Lage, die verschiedenen Bestimmungen, deren gegenseitige Durchdringung und kombiniertes oder vorherrschendes Wirken zu durchschauen. Höhere Bestimmungen sind der zentralen Wahrheit des Universums offensichtlich am nächsten, und wenn ihnen der höchste Einfluss gewährt wird, ist ihr Wirken notwendigerweise wohltätig. Lebenskunst hieße somit, seinen höchstmöglichen Bewusstseinszustand aufrechtzuerhalten, wodurch der höchsten Bestimmung erlaubt wird, über die anderen in Leben und Wirken zu herrschen. Somit lässt sich mit Sicherheit sagen: Sei stets auf der Höhe deines Bewusstseins, und das Beste wird dir widerfahren. Das ist allerdings eine Maximalforderung, der nachzukommen nicht leicht ist. Sollte sich dieser Idealzustand als unrealistisch erweisen, kann die Person bei Gefahr oder in einer kritischen Situation zumindest durch strebende Sehnsucht, Gebet und vertrauensvolle Hingabe an den Göttlichen Willen ihr höchstes Schicksal beschwören. Je nach Aufrichtigkeit ihres Anrufs greift diese höchste Bestimmung vorteilhaft in das normale Geschick der Person ein und ändert den Gang der Ereignisse, soweit sie von persönlichem Belang sind. Solche Ereignisse erscheinen dem äußeren Bewusstsein als Wunder, als direkte göttliche Eingriffe.[3]

Haltung und die Auswirkung der Dinge

Es gibt einen Zustand, wo man realisiert, dass die Auswirkung der Dinge, der Umstände, aller Bewegungen und Handlungen des Lebens auf das Bewusstsein von der Haltung diesen Dingen gegenüber abhängt. Es gibt einen Moment, wo man genügend bewusst wird, um zu erkennen, dass die Dinge an und für sich weder gut noch schlecht sind: Sie sind nur so im Verhältnis zu uns. Ihre Auswirkung ist eine absolute Folge der Haltung, die wir ihnen gegenüber einnehmen. Dieselbe Sache, exakt dieselbe Sache, hilft uns, bewusster, stärker, wahrer zu werden, wenn wir sie als Gabe Gottes, als eine göttliche Gnade, als das Resultat der allumfassenden Harmonie nehmen. Andererseits, wenn wir sie unter den genau gleichen Umständen als einen Schicksalsschlag, als eine böse, uns übel wollende Kraft auffassen, schnürt uns

3 Die Mutter, *On Education*, CWM 12: 77-79

das ein, drückt uns nieder und beraubt uns sowohl des Bewusstseins wie auch aller Stärke und Harmonie. Der Umstand an und für sich bleibt dabei *exakt* derselbe. Diese Erfahrung wünsche ich euch allen, denn wenn man sie hat, erlangt man Meisterschaft über sich selbst. Nicht nur wird man Meister über sich selbst, in allen persönlichen Belangen, sondern auch Meister über die Umstände seines Lebens. Dies hängt ausschließlich von der Haltung ab, die ihr einnehmt. Es ist keine Erfahrung, die nur im Kopf stattfindet, obwohl sie dort ihren Anfang nimmt, sondern eine Erfahrung, die im Körper selbst stattfinden kann. Bis zu dem Punkt, wo ..., nun, es handelt sich um eine Verwirklichung, die natürlich mit viel Arbeit verbunden ist, die Konzentration und Selbstbeherrschung erfordert, und in der das Bewusstsein auf die Materie ausgerichtet ist. Das Ergebnis wird je nach Reaktion des Körpers auf die Schläge, die er von außen erhält, verschieden ausfallen. Wenn ihr in diesem Bereich zur Vollkommenheit gelangt, seid ihr Unfällen und Missgeschicken nicht mehr ausgeliefert. Ich hoffe, das wird geschehen. Es ist möglich. Nicht nur ist es möglich, sondern es ist sogar *gewiss*. Allerdings ist das nur *ein* Schritt nach vorne. Ich will damit sagen, dass diese Macht, die ihr habt, diese mental bereits erlangte vollumfängliche, enorme Macht, auf Umstände einzuwirken, bis ihr diese in ihrer Auswirkung auf euch selbst völlig verändern könnt, auch auf die Materie angesetzt werden kann. Diese Macht kann sich in die Materie senken, in die physische Substanz selbst, in die Zellen eures Körpers, und gibt dem Körper die gleiche Macht über die ihn umgebenden Dinge.

Das ist kein Glaube, es ist eine Gewissheit, aus Erfahrung gewonnen.

Die Erfahrung ist nicht total, aber sie ist da.

Das eröffnet euch ganz neue Horizonte; es ist der Weg, *ein* Schritt auf dem Weg zur Transformation.

Die logische Folge davon ist, dass nichts unmöglich ist. Wir allein setzen uns Grenzen. Die ganze Zeit sagen wir uns: „Dies ist möglich, das aber ist unmöglich; dies kann getan werden, das aber nicht!". Wir sind es, die uns gleich Sklaven in das Gefängnis unserer selbstgesetzten Grenzen einschließen, unserem dummen, engen, unwissenden Menschenverstand aufsitzen, der nichts von den Gesetzen des Lebens weiß. Diese Lebensgesetze sind überhaupt nicht so, wie ihr sie euch vorstellt, noch was die meisten intelligenten Leute darüber denken. Sie sind ganz anders. Man macht einen Schritt, vor allem den ersten auf dem Weg – dann beginnt man herauszufinden.[4]

Die Menschen wollen die Göttliche Gnade nicht

Der ganze Materialismus und Positivismus konnte sich auf der Welt etablieren, weil die Menschen durchaus nicht wollen, dass die Göttliche Gnade ins Spiel kommt. Sind sie geheilt, wollen sie sagen können: „*Ich* habe mich selbst geheilt"; machen sie einen Fortschritt, wollen sie denken: „*Ich* selbst habe einen Fortschritt gemacht"; organisieren sie etwas, wollen sie verkünden: „*Ich* organisiere das." Und

4 *Gespräche*, 5. Mai 1954

viele, viele von denen, die es andersherum versuchen, nun, wenn sie genau hinsehen, dann *wissen* sie, dass nicht sie für die Sache verantwortlich sind, sondern die göttliche Kraft.[5]

---

5 *Gespräche*, 5. April 1951

2.

Glaube

Letztendlich heilt der Glaube

Wir sind in einer Zeit des Übergangs in der Geschichte der Erde. Es ist nur ein Augenblick in der Ewigkeit der Zeit, aber gemessen an der menschlichen Lebensspanne erscheint es lange. Die Materie selbst verändert sich, um sich für eine neue Manifestation vorzubereiten. Der menschliche Körper ist jedoch nicht plastisch genug und leistet Widerstand. Das ist der Grund, weshalb Krankheiten, vor allem unerklärliche, an Zahl zunehmen und die medizinische Wissenschaft vor ein Rätsel stellen.

Das Heilmittel liegt in der Vereinigung mit den göttlichen Kräften, die am Werk sind, und eine Haltung der Empfänglichkeit, voller Vertrauen und Frieden, wird die Arbeit leicht gestalten.[1]

*

Lass deine Empfänglichkeit dieses Jahr wachsen, so

1 Vgl. *Mutters Agenda*, 20. November 1971

sehr, dass du die Macht erhältst, die wirkende Kraft für die vollumfängliche Wiederherstellung deiner Gesundheit zu nutzen.[2]

*

Ruhig zu bleiben und sich zu konzentrieren, die Kraft von oben wirken zu lassen, ist der sicherste Weg, um sich von allem und jedem zu heilen. Keine Krankheit kann dem widerstehen, wenn das richtig, zur rechten Zeit und lange genug praktiziert wird, mit einem beständigen Glauben und ruhigen Willen.[3]

*

Du darfst die Geduld nicht verlieren, dies würde deine Heilung nur verzögern. Ganz im Gegenteil musst du ein friedvolles Vertrauen in die Tatsache bewahren, dass du wieder gesund wirst.[4]

*

Jetzt ist es Zeit für dich, den Glauben wirklich aktiv werden zu lassen und allen Hindernissen unerschütterlich zu begegnen. Habe den Glauben, den wahren Glauben, dass du wieder gesund wirst und die Heilung kommen *muss.*[5]

*

---

2 *Champaklal Speaks*, S. 182
3 *Sri Aurobindo Circle* (Zeitschrift), S. 76
4 Unveröffentlicht
5 *Champaklal Speaks*, S. 182

Letztlich ist es der Glaube, der heilt.[6]

*

Physische Beschwerden sind immer das Zeichen eines Widerstands im physischen Wesen, aber mit der Unterwerfung unter den Göttlichen Willen und einem vollkommenen Vertrauen in das Wirken der Gnade müssen sie notwendigerweise bald verschwinden.[7]

*

Genau im Verhältnis zu unserem Vertrauen in das Göttliche kann die Göttliche Gnade für uns handeln und uns beistehen.[8]

*

Wir müssen lernen, uns allein auf die Göttliche Gnade zu verlassen und in allen Umständen ihre Hilfe anzurufen; dann wird sie unablässig Wunder wirken.[9]

*

Glaube nicht, dass du für immer gebrechlich bist, denn die Gnade des Herrn ist unendlich.[10]

---

6 *Bulletin*, November 1969, S. 132; vgl. auch *Mutters Agenda*, 8., 15. u. 22. November 1969
7 Unveröffentlicht
8 *Words of the Mother*, CWM 14: 92
9 *Words of the Mother*, CWM 15: 91
10 Unveröffentlicht

Ein mentaler Entschluss genügt nicht

Mutter, ist es möglich, durch eine mentale Bemühung – zum Beispiel durch den Entschluss, bei einer Krankheit keine Medikamente zu nehmen – den Körper verstehen zu lassen?

Das genügt nicht. Ein mentaler Entschluss ist nicht genug, nein. In eurem Körper gibt es subtile Reaktionen, die einem mentalen Entschluss nicht Folge leisten, das genügt nicht. Etwas anderes ist nötig.

Es müssen andere Bereiche berührt werden. Es braucht eine höhere Macht als die des Mentals.

Rein mental erzielt man nur sehr wenige Resultate, und die sind immer gemischt. Man muss vom Mental in den Bereich des Glaubens oder eines höheren Bewusstseins fortschreiten, um mit Sicherheit handeln zu können.

Es besteht kein Zweifel, dass der Glaube eines der machtvollsten Mittel ist, um auf den Körper einzuwirken. Leute mit einem einfachen Herzen, keinem sehr komplizierten Denken – einfache Leute, nicht wahr –, die mental nicht sehr entwickelt sind, aber einen tiefen Glauben besitzen, haben eine sehr große Macht der Einwirkung auf ihren Körper. Deshalb ist man zuweilen überrascht: „Hier ist ein Mann mit einer großen Verwirklichung, eine außergewöhnliche Person, und doch ist er der Sklave ganz kleiner physischer Dinge, während dieser so einfache, ungeschliffene Mann, der aber einen großen Glauben hat, wie ein Eroberer durch Schwierigkeiten und Hindernisse hindurchgeht!“

Ich will damit nicht sagen, dass ein hochkultivierter

Mann keinen Glauben haben kann, aber es ist schwieriger, weil da immer dieses mentale Element mitspielt, das widerspricht, das diskutiert, das zu verstehen versucht, schwierig zu überzeugen ist und Beweise will. Sein Glaube ist weniger rein. Somit gilt es, zu einer höheren Stufe der Evolutionsspirale fortzuschreiten; dann gewinnt der Glaube natürlich eine sehr hohe Qualität. Im gewöhnlichen Leben jedoch, im Alltag, kann ein sehr einfacher Mann, der einen unerschütterlichen Glauben hat, Meisterschaft über seinen Körper besitzen (keine wirkliche „Meisterschaft", es ist lediglich eine spontane Bewegung). Er hat eine weit größere Kontrolle über seinen Körper als jemand, der eine viel höhere Entwicklung erreicht hat.[11]

Dynamischer Glaube und absolutes Vertrauen

Sind ein dynamischer Glaube und ein großes Vertrauen nicht dasselbe?

Nicht unbedingt. Man sollte wissen, aus welchem Stoff der Glaube und das Vertrauen sind. Führt man zum Beispiel ein ganz gewöhnliches Leben, unter ganz normalen Umständen, ohne hochgestochene Ideen und einer entmutigenden Erziehung, dann wird man in seiner ganzen Jugend, ja gewöhnlich bis dreißig, ein absolutes Vertrauen ins Leben haben. Oder wenn man nicht von Leuten umgeben ist, die, sobald man etwas erkältet ist,

11 *Gespräche*, 19. Juni 1957

in eine Aufregung geraten, zum Arzt rennen und einen mit Medikamenten vollstopfen; wenn man also in einer normalen Umgebung lebt und es stößt einem etwas zu – ein Unfall oder eine leichte Krankheit – dann ist da diese Sicherheit im Körper, dieses absolute Vertrauen, dass alles schon in Ordnung kommt: „Das ist nichts, das vergeht, ganz sicher vergeht das wieder. Morgen oder in ein paar Tagen bin ich wieder gesund", was immer einem zugestoßen sein mag. Tatsächlich ist das der normale Zustand des Körpers. Ein absolutes Vertrauen, dass das ganze Leben vor ihm liegt und alles gut herauskommt. Das hilft enorm. In neun von zehn Fällen wird man wieder gesund, alles heilt ganz rasch mit diesem Vertrauen: „Das ist nichts; was ist das schon? Nur ein kleines Missgeschick, das geht vorbei, es ist nichts." Es gibt Leute, die das sehr lange bewahren, eine Art Vertrauen – nichts kann ihnen zustoßen. Gleich was ihnen geschieht, das ist alles nicht von Bedeutung: Es kommt schon gut, das ganze Leben liegt vor ihnen.

Wenn man aber in einer Umgebung lebt mit morbiden Ideen und Leuten, die sich die Zeit damit vertreiben, einander unheilvolle, schreckliche Dinge zu erzählen, dann gerät das Denken auf Abwege, und wenn man falsch denkt, hat das Folgen für den Körper. Andernfalls kann der Körper dieses Vertrauen bis ins Alter von vierzig oder fünfzig bewahren – es kommt darauf an –, zumindest bei jenen, die es verstehen, ein ausgeglichenes, normales Leben zu führen. Aber der Körper hat völliges Vertrauen in sein Leben. Nur wenn das Denken einsetzt und alle möglichen morbiden und unheilvollen Phantasien einbringt, verändert das alles. Ich habe solche Fälle erlebt:

Kinder, denen ein kleines Malheur zustieß beim Spielen und Herumalbern – sie dachten nicht einmal daran. Es löste sich augenblicklich auf. Andere Kinder habe ich gesehen, deren Eltern schon ganz früh, seit sie verstehen konnten, ihnen eingehämmert hatten, dass alles gefährlich sei: Überall lauerten Krankheitskeime, es gelte, auf der Hut zu sein, das kleinste Wehwehchen könne schlimme Folgen haben, und sie sollten ja aufpassen, dass ihnen nichts passiere … Die kleinsten Wunden werden ihnen verbunden, gewaschen und desinfiziert, und da fragen sie sich besorgt: „Was wartet auf mich? Oh, vielleicht bekomme ich den Starrkrampf oder eine Blutvergiftung!" Natürlich verliert man so das Vertrauen ins Leben, und das wirkt sich spürbar auf den Körper aus. Drei Viertel seiner Widerstandskraft sind weg. Normalerweise weiß der Körper natürlich schon, dass er gesund zu bleiben hat, und er weiß, dass er dazu die Kraft hat. Wenn etwas passiert, dann sagt er diesem Etwas: „Das ist nichts, das geht schon weg, mach dir keine Sorgen, es ist gleich vorbei", und so geschieht es dann.

Das ist absolutes Vertrauen.

Nun sprichst du von einem „dynamischen Glauben". Ein dynamischer Glaube ist etwas anderes. Wenn man in sich einen Glauben an die Göttliche Gnade trägt, dass die Göttliche Gnade für einen sorgt und dass, was immer auch geschieht, die Göttliche Gnade da ist und einen behütet – das kann man für sein ganzes Leben und für immer bewahren. Damit lässt sich durch alle Gefahren gehen, allen Schwierigkeiten begegnen, und nichts regt sich, denn man hat den Glauben, und die Göttliche Gnade ist bei einem. Es ist eine unendlich stärkere, bewusstere und dauerhaftere Kraft, die nicht von der körperlichen Konstitution abhängt, von nichts abhängt als von der Göttlichen Gnade allein; folglich stützt sie sich auf die Wahrheit, und nichts kann sie erschüttern. Das ist ganz anders.[12]

Willenskraft und die Göttliche Macht

Was sollte man tun, um seine physische Verfassung zu verändern, eine Heilung zu erzielen oder eine Unvollkommenheit des Körpers zu beheben? Sollte man sich auf das zu verwirklichende Ziel konzentrieren und seine Willenskraft einsetzen, oder nur im Vertrauen leben, dass es getan werde, oder es gänzlich der Göttlichen Kraft überlassen, das gewünschte Ergebnis zur ihrer Zeit und auf ihre Art zu erzielen?

Das alles sind verschiedene Arten, dasselbe zu tun, und jede kann unter verschiedenen Umständen wirksam sein. Die Methode, mit der man am erfolgreichsten ist, hängt vom Bewusstsein ab, das man entwickelt hat, sowie von der Beschaffenheit der Kräfte, die man ins Spiel zu bringen vermag. Man kann im Bewusstsein der erzielten Heilung oder der gewünschten Veränderung leben und durch die Kraft konzentrierter Gedankenformen den äußeren Wandel allmählich herbeiführen. Oder man kennt und sieht die Kraft, die diese Dinge vermag, und wenn man sie

12 *Gespräche*, 3. Oktober 1953

handzuhaben versteht, kann man sie anrufen und sie auf die Stellen ansetzen, wo ihre Wirkung benötigt wird, und sie wird den Wandel selbst herbeiführen. Oder man kann seine Schwierigkeit dem Göttlichen anheimstellen und es um Heilung bitten, indem man sein ganzes Vertrauen in die göttliche Kraft setzt.

Was immer man tut, welches Verfahren man auch benutzt, sogar wenn man darin großes Geschick erlangt und echte Macht erworben hat – das Ergebnis muss man dem Göttlichen überlassen. Versuchen darf man immer, aber es obliegt dem Göttlichen, die Frucht zu gewähren oder zu versagen. An diesem Punkt hört die persönliche Macht auf. Kommt das Ergebnis, so wird es durch die Macht des Göttlichen bewirkt und nicht die eure.

Ihr fragt euch, ob es richtig ist, das Göttliche um solche Dinge zu bitten. Es ist gewiss nicht schlechter, sich wegen einer körperlichen Unvollkommenheit an das Göttliche zu wenden als wegen eines moralischen Fehlers. Jedenfalls gilt es zu spüren, gleich was ihr verlangt und welches eure Bemühung auch sei – gerade weil ihr selbst euer Bestes versucht und euch des Wissens oder der Macht bedient, die euch zur Verfügung steht –, dass das Ergebnis völlig von der Göttlichen Gnade abhängt. Hat man sich einmal auf den Yoga eingelassen, muss alles, was man tut, im Geist der Hingebung getan werden. Eure Haltung soll die folgende sein: „Ich strebe und versuche, so gut ich kann, meine Unvollkommenheiten zu bereinigen; aber das Ergebnis empfange ich allein aus den Händen des Göttlichen."

Hilft es zu sagen: „Ich bin mir des Ergebnisses sicher, ich weiß, das Göttliche wird mir geben, was ich nötig habe?

Ihr könnt es so nehmen. Gerade die Intensität eures Glaubens kann ein Hinweis darauf sein, dass das Göttliche schon über den Erfolg der Sache entschieden hat. Ein unerschütterlicher Wille ist das Zeichen der Gegenwart des Göttlichen Willens, ein Beweis für das, was sein wird.[13]

Den Glauben in den Körperzellen selbst erwecken

Einem Kind – oder auch sich selbst, wenn man kein Baby mehr ist – muss man sagen: „Alles, was in mir unwirklich, unmöglich, illusorisch scheint, gerade *das* ist wahr, gerade *das* muss ich fördern." Hat man Sehnsüchte wie: „Ach, ich möchte nicht immer durch irgendeine Unfähigkeit begrenzt sein, die ganze Zeit durch einen mangelhaften Willen zurückgehalten werden!", so gilt es, in sich die Gewissheit zu pflegen, dass es *das* ist, was wesentlich wahr ist, und *das*, was verwirklicht werden muss.

Dann erwacht der Glaube in den Zellen des Körpers selbst. Man sieht, dass im Körper selbst eine Antwort entsteht. Der Körper fühlt dann: Wenn der innere Wille hilft, stärkt, führt und den Weg zeigt, dann werden sich alle Begrenzungen allmählich auflösen.

---

13 *Lehrgespräche und Worte der Liebe 1929-38*, 23. Juni 1929

Wenn dann die erste Erfahrung kommt, die manchmal in sehr frühem Alter eintritt, der erste Kontakt mit der inneren Freude, der inneren Schönheit, dem inneren Licht, der erste Kontakt mit *Dem*, der einem plötzlich das Gefühl gibt: „Oh, genau das will ich“, dann muss man ihn pflegen, ihn nie vergessen, ihn ständig vor sich halten und sich sagen: „Habe ich ihn einmal gespürt, so kann ich ihn wieder spüren. Das war für mich wahr, auch wenn es nur eine Sekunde lang andauerte, und genau das werde ich in mir wiederaufleben lassen“... Dem Körper Mut machen, es wieder zu suchen, *darauf vertrauend,* dass er diese Möglichkeit in sich trägt, und dass, wenn er danach ruft, sie zurückkommen wird, sie erneut Wirklichkeit wird.

Dies sollte man tun, wenn man jung ist. Jedes Mal darauf zurückzukommen, wann immer sich Gelegenheit bietet, sich zu sammeln, zu sich zu kommen, sich selbst zu suchen.

Dann werdet ihr sehen. Wenn man normal ist, das heißt, nicht verdorben durch schlechte Lehren und schlechte Beispiele, und in einer gesunden, relativ ausgeglichenen und normalen Umgebung lebt, hat der Körper ganz spontan, ohne jegliche mentale oder vitale Beimischung, die Gewissheit, dass, was immer die Schwierigkeit sei, sie wieder verschwindet. Der Körper trägt in sich selbst die Gewissheit der Heilung, die Gewissheit, dass die Krankheit oder die Störung sich wieder auflösen wird. Erst durch falsche Einflüsse von der Außenwelt wird dem Körper beigebracht, dass es unheilbare Krankheiten gibt, nicht wiedergutzumachende Unfälle, und dass er alt werden kann – lauter Geschichten, die seinen Glauben und sein Vertrauen zerstören. Aber normalerweise fühlt der Körper eines normalen Kindes – ich spreche vom Körper, nicht vom Denken – dass, wenn etwas schiefgeht, er bald wieder in seine Ordnung kommt. Ist er aber nicht so, dann heißt das, dass er bereits verdorben ist. Es scheint ihm *normal*, gesund zu sein, es kommt ihm ganz und gar abnormal vor, wenn etwas schiefgeht und er krank wird. Sein spontaner Instinkt sagt ihm, dass alles ganz bestimmt wieder gut werden wird. Erst das falsche Denken macht dies zunichte; je älter man wird, desto verdrehter wird das Denken, die ganze kollektive Atmosphäre wirkt in diese Richtung, und so verliert der Körper ganz allmählich sein Vertrauen in sich selbst. Wenn er sein Selbstvertrauen erst einmal verloren hat, verliert er natürlich auch die spontane Fähigkeit, sein Gleichgewicht wiederherzustellen, wenn es gestört ist.

Steht man aber schon ganz klein, von frühester Kindheit an, unter dem Einfluss von enttäuschenden, niederdrückenden Dingen, Dinge, die zersetzend und auflösend wirken, dann tut der arme Körper zwar sein Bestes, aber er ist verdorben, verfälscht und hat nicht mehr das Gefühl seiner inneren Stärke, seiner inneren Kraft, seiner Macht, allem gewachsen zu sein.

Wenn man dafür sorgt, den Körper nicht zu verfälschen, trägt er in sich die Gewissheit des Sieges. Allein der falsche Gebrauch, den man vom Denken und seinem Einfluss auf den Körper macht, beraubt ihn dieser Gewissheit des Sieges. Somit muss als Erstes diese Gewissheit gestärkt werden, anstatt sie zu zerstören. Ist diese Gewissheit da, braucht es keine Anstrengung mehr, sein Ziel zu verfolgen – es ist ein ganz natürliches Aufblühen, ein Entfalten dieser inneren Gewissheit des Sieges.

Der Körper trägt in sich selbst das Gefühl seiner Göttlichkeit. Voilà. Genau das gilt es in sich wiederzufinden, wenn man es verloren hat.

Wenn euch ein Kind einen schönen Traum erzählt, in dem es alles vermochte und alles schön war, dann sagt ihm ja nicht: „Oh, das Leben ist nicht so", denn damit tut ihr unrecht. Ganz im Gegenteil müsst ihr ihm sagen: „Ja, das Leben *sollte* so sein, und es *wird* so sein!"[14]

---

14 *Gespräche*, 31. Juli 1957

3.

Die Nervenhülle

Die Nervenhülle: Ein vollkommener Schutz

Eine Krankheit – sei die Ursache nun materiell oder mental, äußerlich oder innerlich – muss, bevor sie den physischen Körper befallen kann, eine andere Schicht des Wesens berühren, die den Körper umgibt und beschützt. Diese feinstofflichere Schicht wird je nach Lehre unterschiedlich benannt: Ätherleib, nervliche Hülle u.a. mehr. Das ist ein feinstofflicher Körper, aber dennoch fast sichtbar. Er gleicht in seiner Dichte den Schwingungen, die man um einen sehr heißen Gegenstand wahrnimmt; er geht vom physischen Körper aus und liegt ihm eng an. Jegliche Kommunikation mit der äußeren Welt vollzieht sich über diesen Mittler. Bevor der Körper erreicht werden kann, muss dieser befallen und durchdrungen sein. Ist diese Hülle absolut stark und intakt, kann man an Orte gehen, wo die schlimmsten Krankheiten wüten, sogar Pest oder Cholera, und man ist völlig immun. Sie bildet den wirksamsten Schutz gegen alle möglichen Krankheitsangriffe, aber dafür muss diese Hülle vollständig intakt sein, in sich zusammenhängend, und aus Elementen gebildet, die völlig im Gleichgewicht sind.

Dieser feinstoffliche oder subtile Körper besteht einerseits aus einer materiellen Basis – eher materielle Bedingungen als physische Materie – und andererseits aus den Schwingungen unserer psychologischen Zustände. Friede, Gleichmut der Seele, Vertrauen, Glaube an die Gesundheit, unerschütterliche Ruhe und Heiterkeit und eine leuchtende Zufriedenheit bilden dies letztere Element in ihm und geben ihm seine Kraft und Substanz. Es ist ein sehr sensibler Mittler, der leicht und unmittelbar auf alles reagiert; er ist allen Einflüsterungen gegenüber offen, die seinen Zustand in einem Augenblick ändern und nahezu umstellen können. Eine schlechte Eingebung übt eine starke Wirkung auf ihn aus, so wie sich eine gute im umgekehrten Sinn auswirkt. Depression und Entmutigung haben einen verheerenden Einfluss auf ihn; sie durchlöchern ihn gleichsam und öffnen ihn für feindliche Angriffe.

Das Wirken dieses Mittlers erklärt zum Teil, weshalb die Leute sich oft unmittelbar sympathisch sind oder eine spontane, vernunftmäßig nicht begründete Abneigung empfinden. Der Hauptsitz dieser Reaktionen liegt in dieser Schutzhülle. Wir fühlen uns leicht von Personen angezogen, die unserer nervlichen Hülle neue Kraft zufügen, oder aber, wir empfinden eine Abneigung jenen gegenüber, die sie durcheinanderbringen oder ihr sogar schaden. Alles, was unserer Schutzhülle eine Empfindung der Ausdehnung, des Behagens und Wohlergehens verleiht, alles, was sie im Kontakt mit Glück und Freude erfüllt, übt auf uns eine unmittelbare Anziehung aus; ist die Einwirkung umgekehrt, so reagieren wir mit einer schützenden Antipathie. Bei der Begegnung von zwei Personen ist dieser Eindruck oft gegenseitig. Dies ist zwar nicht die einzige Ursache der Anziehung, aber zumindest eine der häufigsten.[1]

Krankheiten treten durch den feinstofflichen Körper ein

Krankheiten treten durch den feinstofflichen Körper ein, nicht wahr? Wie kann das verhindert werden?

Wenn man sehr sensibel ist – man muss wirklich sehr sensibel sein – spürt man das im selben Moment, wo sie den feinstofflichen Körper berühren und dort einzudringen versuchen. Es berührt den Körper nicht wirklich, es ist eher eine Art Empfindung. Wenn man es in diesem Moment wahrzunehmen vermag, ist man immer noch in der Lage, „nein" zu sagen, und es geht weg. Aber dafür muss man extrem sensibel sein. Das lässt sich jedoch entwickeln. All diese Dinge können ganz methodisch durch den Willen entwickelt werden. Man kann sich dieser Hülle vollständig bewusst werden, und wenn man diese Fähigkeit genügend entwickelt, braucht man nicht einmal speziell hinzuschauen, man spürt, dass einen etwas berührt hat ...

... Man kann es ganz gut als eine Art Unbehagen

1 *Lehrgespräche und Worte der Liebe 1929-38*, 16. Juni 1929

empfinden (nicht wie etwas, das sich einem aufdrängt), ein leises Unbehagen, das sich an einer beliebigen Stelle äußert: Vorne, hinten, oben oder unten. Wenn man in diesem Augenblick auf der Hut ist, dann sagt man „nein", als ob man den Kontakt mit großem Nachdruck unterbinden würde, und damit hat sich's. Ist man aber nicht bewusst, hat man gleich danach oder etwas später eine üble Empfindung, ein Kältegefühl im Rücken, ein leises Unbehagen, eine beginnende Disharmonie; irgendwo verspürt man eine Disharmonie, als ob die allgemeine Harmonie gestört wäre. Dann gilt es, sich umso mehr zu konzentrieren und mit großem Willensnachdruck den Glauben zu bestärken, dass einem nichts anhaben kann, einen nichts berühren kann. Das genügt, die Krankheit lässt sich im selben Moment abweisen. Aber man muss es sofort tun, keine fünf Minuten warten, es muss sofort getan werden. Wartet man zu lange, dann macht sich irgendwo ein leises Unbehagen bemerkbar, etwas gerät aus der Ordnung; in diesem Fall setzt man sich besser hin, konzentriert sich und ruft die Kraft herab und konzentriert sie auf die Stelle, die sich gestört anfühlt, das heißt, die krank zu werden beginnt. Wenn man aber nichts tut, kann die Krankheit irgendwo Fuß fassen, und all dies, weil man nicht genügend wachsam war. Manchmal ist man genötigt, die ganze Bewegung nachzuvollziehen, um den günstigen Moment wieder aufzuspüren und die Sache loszuwerden. Irgendwo habe ich gesagt, dass im physischen Bereich alles eine Sache der Methode sei – eine Methode ist nötig, um etwas Beliebiges zu bewirken. Wenn es der Krankheit gelungen ist, den eigentlich stofflichen

Bereich zu berühren, dann gilt es, das richtige Verfahren einzusetzen, um sie wieder loszuwerden. Dies nennt die medizinische Wissenschaft den „Krankheitsverlauf". Mit Hilfe spiritueller Kräfte lässt sich der Verlauf beschleunigen, aber man muss einem bestimmten Verfahren folgen.

Man unterscheidet so etwas wie vier verschiedene Stadien. Das allererste ist augenblicklich, das zweite beansprucht einige Minuten, das dritte kann mehrere Stunden dauern und das vierte mehrere Tage. Hat sich die Sache einmal eingenistet, dann hängt alles nicht nur von der Empfänglichkeit des Körpers ab, sondern auch vom guten Willen desjenigen Teils, der die Ursache der Störung ist. Nicht wahr, wenn die Sache von außen kommt, dann ist da ein Bezug zu etwas im Inneren. Wenn es ihr gelingt, durchzudringen, sich unbemerkt festzusetzen, bedeutet das, dass irgendwo eine Affinität besteht, und der Teil des Wesens, der angesprochen hat, muss umgepolt werden.

Ich habe einige wirklich außerordentliche Fälle erlebt. Nehmen wir ein Beispiel, das ganz konkret ist: einen Sonnenstich. Das bringt einen stark aus dem Gleichgewicht, es ist etwas, das einen am kränksten macht – ein Sonnenstich bringt alles durcheinander, er stört die inneren Funktionen, er verursacht gewöhnlich einen Blutandrang im Kopf und ein hohes Fieber. Nun, wenn so etwas passiert ist, wenn es der Sache gelungen ist, den Schutz zu durchdringen und in einen einzutreten, dann ist es am besten, eine ruhige Stelle aufzusuchen, sich dort hinzulegen und aus dem Körper zu treten (natürlich muss man das lernen; es gibt Leute, die das spontan tun, für andere ist eine lange Disziplin erforderlich). Man tritt also aus dem Körper und verharrt oben, um den Körper sehen zu können (ihr kennt das Phänomen, den Körper von außen zu sehen?). Das lässt sich willentlich tun, man tritt aus dem Körper und schwebt über ihm, wobei der Körper auf einem Bett, einer Bank, auf dem Boden oder sonstwo liegt. Man schwebt also über dem ausgestreckten Körper, und von dort zieht man ganz bewusst die Kraft herab. Wenn man Übung darin hat, wenn die Bemühung stark genug ist, erzielt man eine Wirkung. Daraufhin – wobei man aufpasst, nicht wieder in den Körper zu treten – beginnt man, diese Kräfte in den Körper zu leiten, schön regelmäßig, bis man sieht, dass der Körper sie empfängt. (Es dauert nämlich eine gewisse Zeit, bis sie eintreten können, denn der Körper ist durch die Krankheit völlig aus dem Gleichgewicht, er ist nicht empfänglich, ganz verkrampft.) Man leitet sie also sachte, sachte, ruhig, ohne Aufregung, ganz friedlich in den Körper. Niemand darf einen dabei stören. Wenn jemand kommt, euch dort liegen sieht und schüttelt, ist das extrem gefährlich. Man muss das in einer ruhigen Umgebung tun, die Leute bitten, einen nicht zu stören, oder noch besser sich an einem Ort einschließen, wo man nicht gestört werden kann. Man bündelt die Kraft also langsam (dies dauert mehr oder weniger lange – zehn Minuten, eine halbe Stunde, eine Stunde, zwei Stunden, abhängig von der Ernsthaftigkeit der Störung); ganz langsam, von oben, bündelt man die Kraft, bis man sieht, dass der Körper sie empfängt, dass die Kraft eintritt, die Störung behoben wird und der Körper sich entspannt. Sobald dies getan ist, tritt man wieder in den Körper ein, und man ist geheilt. Dies kann man bei einem

Sonnenstich tun, also eine recht heftige Sache, auch im Falle eines typhoiden Fiebers, und bei vielen anderen Störungen wie zum Beispiel einer Leber, die aus irgendeinem Grund plötzlich versagt (nicht im Zusammenhang mit der Verdauung, sondern eine momentane Funktionsstörung); auch dies mag auf dieselbe Weise kuriert werden. Sogar bei einer Cholera fand so eine Heilung statt. Die Cholera war gerade eingetreten, hatte sich aber noch nicht einnisten können – es kam zu einer völligen Heilung. Wenn man also die spirituelle Kraft handzuhaben weiß, gibt es keine Krankheit, die nicht geheilt werden könnte. Ich sage das nicht so aufs Geratewohl, sondern aus eigener Erfahrung mit der Sache. Natürlich werdet ihr mir sagen, dass ihr es nicht versteht, aus dem Körper auszutreten, die Kraft herabzuziehen, sie zu bündeln, ihr hättet dieses Wissen nicht... Sicher kommt das nicht häufig vor, aber es ist nicht unmöglich. Und wenn die Hilfe da ist, dann ... Allerdings gibt es eine viel leichtere Methode, nämlich um Hilfe zu rufen.

Doch in jedem Fall, ohne Ausnahme, ist die unabdingbare Voraussetzung – gleich ob man es selbst tut oder jemand darum gebeten hat –, keine Angst zu haben und ruhig zu bleiben. Beginnt man aber, in Aufregung zu geraten und der Körper wird unruhig, ist es aus, nichts mehr zu machen.

Für alles – um ein spirituelles Leben zu führen, Krankheiten zu heilen – wirklich für alles, gilt es, ruhig zu bleiben.[2]

---

2 *Gespräche*, 31. März 1951

4.

Ärzte und Medikamente

Medizinisches Wissen

Wenn ihr hinreichend studiert oder lange genug gelebt habt, werdet ihr Folgendes feststellen: Mit dem Gewicht derselben Autorität, derselben Gewissheit, derselben Überzeugung wird zu einer gegebenen Zeit behauptet, gewisse Dinge seien schlecht, oder es wird ihnen unter Berufung auf ein absolutes Wissen, eine unbestreitbare Beobachtung eine bestimmte Wirkung zugeschrieben; zu einer anderen Zeit jedoch führen diese selben unbestreitbaren Beobachtungen zu diametral entgegengesetzten Schlüssen. Sehr oft nenne ich ein Beispiel, das ich selbst beobachtet habe; es betrifft den Wert von Nahrungsmitteln wie gewisse Früchte und Gemüse und ihre Wirkung auf den Körper: Zu einer bestimmten Zeit in der Medizingeschichte – vor gar nicht so langer Zeit, vor fünfzig oder sechzig Jahren – gab einem der Arzt eine Liste von Nahrungsmitteln, wenn man die und die Krankheit hatte und empfahl einem im Brustton der Überzeugung, keine davon anzurühren, sonst würde man noch kränker – ich könnte euch die Liste geben, aber das ist nicht interessant.

Nun, fünfzig oder sechzig Jahre später wird einem vielleicht nicht derselbe, aber doch ein anderer Arzt mit demselben kategorischen Ernst, derselben unstreitigen Gewissheit und Autorität einschärfen, dass man exakt die gleichen Dinge essen müsse, wenn man gesund werden wolle! Hat man diese Dinge ausreichend beobachtet und verfügt man über etwas kritischen Verstand, wird man sich sagen: „Oh, offenbar kommt es auf die Leute oder die Zeit an!" Und ich sage euch, wie es ein befreundeter Arzt, den ich vor vierzig oder fünfzig Jahren in Frankreich kannte, zu sagen pflegte: „Nehmen Sie eine Arznei, während sie in Mode steht, denn dann tut sie ihre Wirkung."[1]

---

1 *Gespräche*, 21. November 1956

5.

Spirituelle Heilung anderer

Heilende Kräfte

Die Macht der Formation, der gezielten Gedankenbildung, ist von großem Vorteil, wenn man sie zu benutzen weiß. Man kann gute Formationen bilden, und wenn man sie richtig macht, wirken sie auf die gleiche Art wie andere auch. Man kann für Menschen viel Gutes tun, indem man einfach still in seinem Zimmer sitzt, vielleicht mehr Gutes, als wenn man im Äußeren alle Hebel in Bewegung setzt. Wenn man richtig zu denken versteht, mit Kraft, Intelligenz und Güte, und man jemanden liebt und ihm völlig aufrichtig Gutes wünscht, ganz tief, von ganzem Herzen, tut ihm das sehr gut, mehr noch als ihr denkt. Ich habe das oft gesagt, zum Beispiel denen, die hier sind: Sie erfahren, dass jemand in ihrer Familie sehr krank ist und fühlen diesen kindischen Impuls, sofort hinzueilen, um den Kranken zu pflegen. Ich sage euch, wenn es nicht gerade ein außergewöhnlicher Fall ist und sich niemand um den Kranken kümmern kann (manchmal sogar in so einem Fall), und man die richtige Haltung bewahren kann und sich mit viel Zuneigung und gutem Willen auf den Kranken konzentriert, wenn man zu beten weiß und hilfreiche Formationen bilden kann, dann tut ihr ihm viel eher Gutes, als wenn ihr ihn pflegt, ihm zu essen gibt, beim Waschen helft, all das, was jedermann tun kann. Jeder kann einen Kranken pflegen. Aber nicht jeder versteht es, gute Formationen zu bilden und Kräfte auszusenden, die heilend wirken.[1]

Wiederherstellung des Gleichgewichts durch eine innere Kraft

In Wirklichkeit ist Krankheit nur ein Ungleichgewicht; wenn man also fähig ist, das Gleichgewicht wiederherzustellen, verschwindet dieses Ungleichgewicht. Eine Krankheit ist ganz einfach, immer und in jedem Fall, auch wenn die Ärzte von Mikroben sprechen, ein Ungleichgewicht im Wesen: Ein Ungleichgewicht verschiedener Funktionen, ein Ungleichgewicht der Kräfte.

Das will nicht heißen, dass es gar keine Mikroben gibt. Es gibt welche, viel mehr noch, als heute bekannt sind. Aber ihr seid nicht deswegen krank, denn Krankheitserreger sind immer da. Sie sind also immer da, und tagelang tun sie euch nichts, und dann, ganz plötzlich, erwischt euch einer und macht euch krank – weshalb? Ganz einfach, weil die Widerstandskraft nicht so war wie gewöhnlich, weil in irgendeinem Teil ein Ungleichgewicht herrschte, etwas nicht normal funktionierte. Durch

1 *Gespräche*, 1. Juli 1953

eine innere Kraft lässt sich jedoch das Gleichgewicht wiederherstellen, und das wär's dann, die Schwierigkeit ist behoben, das Ungleichgewicht verschwindet.

Es gibt keinen anderen Weg, jemanden zu heilen. Man sieht ganz einfach das Ungleichgewicht, vermag das Gleichgewicht wiederherzustellen, und Heilung findet statt. Es gibt dabei allerdings zwei sehr verschiedene Kategorien: Die einen halten an ihrem Ungleichgewicht fest – sie hängen daran, klammern und wollen es nicht gehenlassen. Dann mag man alles versuchen, sogar wenn man das Gleichgewicht wiederherstellt, fallen sie im nächsten Augenblick in ihr Ungleichgewicht zurück, weil sie es *mögen*. Zwar sagen sie: „Oh nein, ich möchte nicht krank sein", aber sie tragen etwas in sich, das ganz stark am Ungleichgewicht festhält, das nicht gewillt ist, es gehen zu lassen. Andere wiederum wollen in aller Aufrichtigkeit das Gleichgewicht. Wenn man diese in die Lage versetzt, ihr Gleichgewicht wieder zu erlangen, wird es wiederhergestellt, und in ein paar Minuten sind sie geheilt. Ihr Wissen war nicht ausreichend, oder sie hatten nicht die Macht, die Ordnung wiederherzustellen – Ungleichgewicht ist eine Unordnung. Wenn man aber eingreift und das Wissen hat, um das Gleichgewicht wiederherzustellen, verschwindet die Krankheit ganz natürlich, und die Leute, die einen gewähren lassen, werden geheilt. Nur die, die das nicht zulassen, werden nicht geheilt, und dies ist gut sichtbar, sie lassen einen nicht gewähren, sie klammern sich an ihre Krankheit. Dann sage ich ihnen: „Ah, Sie sind nicht geheilt, gehen Sie besser zum Arzt." Das Lustige daran ist, dass sie in den allermeisten Fällen an die Ärzte glauben, obwohl die Wirkungsweise dieselbe ist. Jeder Arzt, der etwas von einem Philosophen an sich hat, wird euch sagen: „So ist es; wir Ärzte geben nur den Anlass, doch der Körper heilt sich selbst. Wenn der Körper gesund werden will, dann wird er auch gesund.“ Nun, es gibt Körper, die es nicht zulassen, dass das Gleichgewicht wiederhergestellt wird, außer man gibt ihnen ein Medikament oder etwas sehr Bestimmtes, das ihnen das Gefühl gibt, man kümmere sich wirklich um sie. Verschreibt man ihnen jedoch eine sehr präzise, exakte Behandlung, die einzuhalten manchmal sehr schwierig ist, lassen sie sich überzeugen, dass es nichts Besseres gibt, um das Gleichgewicht wiederzufinden, und so geschieht es dann![2]

Spirituelle Heilung einer Krankheit

Einmal klagte ich bei dir über einen Schmerz, und du fragtest mich, welcher Körperteil denn betroffen sei. Als ich dir das sagte, wusste ich nichts von dessen Beziehung zum Vital, zum Mental etc., und trotzdem verschwand der Schmerz.

Ich sehe keinen Widerspruch!... Es gibt zwei Arten, eine Krankheit spirituell zu heilen. Die eine besteht darin, eine Kraft des Bewusstseins und der Wahrheit auf den physisch erkrankten Teil zu richten. In diesem Fall hängt die erzielte Wirkung natürlich von der Empfänglichkeit

2 *Gespräche*, 24. Juni 1953

der betroffenen Person ab. Nehmen wir an, die Person sei empfänglich; die Bewusstseinskraft wird auf die betroffene Stelle gerichtet, und ihr Druck stellt die Ordnung wieder her …

In anderen Fällen mangelt es dem Körper völlig an Empfänglichkeit, oder er ist nicht genügend empfänglich; man sieht die innere Entsprechung mit dem psychologischen Zustand, der zu der Krankheit führte, und wirkt auf ihn ein. Ist die Ursache der Krankheit aber hartnäckiger Natur, lässt sich nicht viel tun. Sagen wir, der Ursprung liegt im vitalen Bereich, und das Vital weigert sich beharrlich, sich zu ändern; es klammert sich mit aller Kraft an den Zustand, in dem es sich befindet – dann ist es hoffnungslos. Man setzt die Kraft an, und gewöhnlich führt das nur zu einer Verschlimmerung der Krankheit, hervorgerufen durch den Widerstand des Vitals, das nichts davon wissen will. Ich spreche hier vom Vital, aber es kann auch das Mental oder sonst etwas sein.

Wenn die Kraft direkt auf den Körper wirkt, d.h. auf die befallene Stelle, mag eine Erleichterung eintreten, doch dann, nach einer Stunde oder auch ein paar Tagen, ist die Krankheit wieder da. Das bedeutet, dass die Ursache sich nicht geändert hat, dass die Ursache im Vital liegt und immer noch dort ist; allein dessen Auswirkung wurde geheilt. Kann man aber gleichzeitig auf Ursache und Wirkung einwirken, und die Ursache ist genügend empfänglich, um sich ändern zu wollen, dann findet eine vollständige Heilung statt, ein für alle Mal.[3]

---

3 *Gespräche*, 31. März 1951

Heilung durch Mutters Gnade: Jeder Fall ist anders

Mutter, ich will Ihnen eine kleine persönliche Frage stellen. Eine unheilbare organische Krankheit wurde durch Ihre Gnade geheilt, eine rein funktionelle Krankheit jedoch nicht. Wie kann das sein? Im selben Körper! Ist das ein Mangel an Empfänglichkeit oder …?

Das ist etwas so Persönliches und Individuelles, dass es unmöglich ist, darauf zu antworten. Wie schon gesagt, jeder einzelne Fall liegt ganz anders, und man kann für diese Dinge keine Erklärung geben, ohne sich in den funktionellen Details zu verlieren. Bei jedem ist es anders.

Für alles, für jedes Ereignis gibt es so viele Erklärungen wie es Bewusstseinsebenen gibt. Auf eine Art…, nun, vereinfacht ausgedrückt lässt sich sagen, dass es eine physische Erklärung gibt, eine vitale Erklärung, eine mentale Erklärung, eine spirituelle Erklärung…, eine ganze Stufenfolge zahlreicher Erklärungen, die man für ein und dasselbe Phänomen geben könnte. Keine davon stimmt völlig, doch allen wohnt ein Körnchen Wahrheit inne. Wenn man diese Ebene der Erklärungen betritt, und man nimmt eine Sache und geht ihr nach, ist man stets gezwungen, die eine durch eine andere zu erklären, und man dreht sich unaufhörlich im selben Kreis und erklärt das eine Ding durch das andere, ohne je zu einem Schluss zu finden.

In der Tat, wenn man das gesamthaft und im

Wesentlichen überblickt, ist das Weiseste, das sich sagen lässt: „Es ist so, weil es so ist.“[4]

Mutters heilendes Eingreifen

Bei jeder Krankheit oder jedem Unfall, ob ich es selbst sehe oder von außen erfahre – liegt die Sache anders. Es gibt Fälle, wo ich informiert werde und sehe, dass ein Eingreifen nötig ist, und wo ich die volle Macht habe, den Ausgang zu ändern, das heißt, die kranke Person zu heilen. Andere Fälle gibt es, wo ich sehe, dass nicht eingegriffen werden soll. Zum Beispiel kann es für jemanden an der Zeit sein, seinen Körper zu verlassen – dann wird er ihn auch verlassen. Wenn ich das weiß, muss ich für den Betreffenden und seine Umgebung tun, was sich im vorliegenden Fall eben tun lässt, um die wohltätigste oder am wenigsten schädliche Wirkung zu erzielen – das hängt von den Umständen ab.[5]

Wundertätiges Wirken Sri Aurobindos im Mental

„Das Übernatürliche ist ein Natürliches, das wir noch nicht erlangt haben oder noch nicht kennen oder dessen Wirkensweisen wir noch nicht gemeistert haben. Der allgemeine Hang nach Wundern ist das Zeichen, dass der Aufstieg des Menschen noch nicht abgeschlossen ist.“

4 *Gespräche*, 29. Juli 1953
5 Ibid.

„Vernunft und Vorsicht lassen uns dem Übernatürlichen misstrauen, aber daran zu glauben, birgt auch eine Art Weisheit."

„Große Heilige vollbrachten Wunder. Noch größere Heilige spotteten über sie. Die größten Heiligen aber taten beides: Sie spotteten darüber und vollbrachten sie."

„Öffne deine Augen und sieh, was die Welt wirklich ist und was Gott ist! Lass ab von deinen eitlen und bequemen Vorstellungen!"[6]

Warum haben Sri Aurobindo oder du nicht mehr auf das Wunder zurückgegriffen als Mittel, den Widerstand im äußeren menschlichen Bewusstsein zu überwinden? Warum diese Art Zurückhaltung dem Äußeren gegenüber, dieses Nicht-Eingreifen oder diese Vorsicht?

Was Sri Aurobindo angeht, so weiß ich nur, dass er mir mehrmals sagte, als „Wunder" würden lediglich Eingriffe in die materielle oder vitale Welt angesehen, und diese Eingriffe seien immer mit Bewegungen der Unwissenheit und Willkür vermischt.

Aber die Wunder, die Sri Aurobindo im Mental vollbrachte, sind unzählbar. Allerdings konnte man sie nur mit einer unverfälschten, sehr aufrichtigen und reinen Sicht erkennen – ich selbst konnte sie sehen. Auch andere sahen sie. Aber wegen dieser Beimischung weigerte er

6 Sri Aurobindo: *Gedanken und Aphorismen,* S. 67; vgl. auch *Mutters Agenda*, 6. März 1963

sich beharrlich – ich weiß das –, auch nur ein einziges materielles oder vitales Wunder zu vollbringen.

Ich habe nicht ganz verstanden, was du unter „Wundern im Mental" verstehst.

Ich meine damit, dass er die supramentale Kraft in das mentale Bewusstsein – das Bewusstsein, das alle materiellen Bewegungen beherrscht – einbrachte, eine supramentale Formation oder Macht oder Kraft, die die Anordnung der Dinge augenblicklich ändert. Das ruft sofortige Wirkungen hervor, die unlogisch erscheinen, weil sie nicht dem normalen Verlauf der Dinge nach der mentalen Logik entsprechen.

Er sagte dies selbst: Als er im Besitz der supramentalen Kraft war und sich ihrer nach Belieben bedienen konnte, um sie mit einer bestimmten Absicht auf einen spezifischen Punkt zu richten, geschah dies unwiderruflich, unausweichlich – die Wirkung war absolut. Das könnte man ein Wunder nennen.

Nehmen wir als Beispiel jemanden mit einer Krankheit und Schmerzen. Als Sri Aurobindo im Besitz der supramentalen Kraft war (in bestimmten Augenblicken sagte er, sie sei völlig unter seiner Beherrschung, das heißt, er tat mit ihr, was er wollte, und setzte sie ein, wo er wollte), konnte er diesen Willen beispielsweise auf irgendeine Störung richten, ob physisch oder vital, aber natürlich auch mental. Wenn er diese Kraft einer höheren Harmonie, der höheren supramentalen Ordnung, darauf richtete, tat sie augenblicklich ihre Wirkung. Sie brachte Ordnung – sie schuf eine Ordnung, eine höhere Harmonie als die natürliche. Das heißt, bei einer Heilung zum Beispiel war diese vollständiger und endgültiger als eine Heilung durch die gewöhnlichen physischen oder mentalen Mittel.

Es gab sehr viele solche Fälle. Aber die Leute sind so blind und festgefahren in ihrem gewöhnlichen Bewusstsein, dass sie immer nach Erklärungen suchen, immer haben sie eine Erklärung bereit. Nur die, die Glauben und Aspiration haben und etwas sehr Reines in sich tragen, also jene, die wirklich wissen wollen, die konnten das erkennen.

Wenn die Kraft da war, so sagte er, geschah es mühelos, er brauchte nur die Kraft der Ordnung, die supramentale Harmonie, hineinzubringen, und sie wirkte augenblicklich.[7]

Heilung durch Sri Aurobindo

Dann wendet man sich der Stelle in seinem Kopf zu, wo der kleine tanzende Punkt [der störenden Gedanken] ist. Ich selbst habe gesehen, wie Sri Aurobindo das im Kopf von jemandem tat, jemand, der ständig darüber klagte, er würde von seinen Gedanken bedrängt. Es war, als ob seine Hand käme, um den kleinen schwarzen, tanzenden Punkt zu ergreifen, und dann machte er so *(Geste mit den Fingerspitzen)*, als ob er ein Insekt aufheben würde, und warf es weit weg von sich. Das war's dann. All dies

7 *Mutters Agenda*, 6. März 1963

ganz still, ruhig, leuchtend... Klar sichtbar – er nahm es wortlos, und es war vorbei.

Die Dinge sind eng miteinander verknüpft: Ich habe auch einen Fall erlebt, wo jemand mit akuten Schmerzen zu ihm kam: „Ach, hier tut's weh, es tut so weh!" Er sagte nichts, blieb völlig ruhig, schaute die Person an, und da kam so etwas wie eine feinstoffliche Hand und nahm diesen kleinen tanzenden Punkt der Unordnung und Verwirrung. Er nahm ihn so *(selbe Geste)* und hopp, war alles vorbei.

„Oh, schau mal einer an, mein Schmerz ist weg!"[8]

8 *Gespräche*, 8. Januar 1958

Teil III:

Sri Aurobindo über Krankheit, Heilung und Yoga

1.

Krankheit und Gesundheit

Krankheit und Yoga

Krankheit – wie immer sie geartet ist – sollte nicht die Macht erhalten, die Sadhana zu gefährden. Das yogische Bewusstsein und seine Tätigkeiten müssen unabhängig von Krankheit oder Gesundheit gewährleistet sein.[1]

*

Du solltest nicht zulassen, dass physische Krankheiten deine Sadhana beeinträchtigen oder dein Mental in Mitleidenschaft ziehen – diese Krankheiten sind nichts im Vergleich mit dem, was andere durchmachen mussten – du leidest unter Verstopfung, Kopfwehanfällen, rheumatischen Schmerzen, was zu ertragen nicht so schwierig sein dürfte. Du musst dich vom Körperbewusstsein abtrennen und darfst nicht zulassen, davon überwältigt zu werden.[2]

*

1 Sri Aurobindo: *Briefe über den Yoga,* IV, S. 349
2 Sri Aurobindo: *Letters on Yoga – IV,* CWSA 31, 549

Physische Leiden gehen auf Angriffe der Kräfte der Unwissenheit zurück. Wenn man aber damit umzugehen weiß, kann man aus ihnen ein Mittel zur Läuterung machen. Allerdings gibt es bessere und weniger schwierige Mittel der Läuterung.[3]

*

Krankheit sollte nicht als Mittel zur Transformation akzeptiert werden. Viel eher weist sie auf gewisse Schwierigkeiten hin, die von der Kraft der Transformation im Vital und im Körper angetroffen werden. Es ist jedoch nicht nötig, diesen Schwierigkeiten zu erlauben, die obskure Form der Krankheit anzunehmen. Jegliche Krankheit und alle Suggestionen von Krankheit sollten zurückgewiesen werden; es gilt, die Kraft herbeizurufen, um Heilung zu bewirken, gestützt auf eine Bekräftigung der Gesundheit und ein Zurückweisen von Suggestionen, die das Gegenteil bringen oder dieses verlängern.[4]

*

Alle Krankheiten sind offensichtlich eine Auswirkung der unvollkommenen Beschaffenheit des Körpers und der physischen Natur. Der Körper kann nur dann Immunität entwickeln, wenn er offen ist für das höhere Bewusstsein und Letzteres in ihm Fuß fassen kann. Bis dahin ist das, was er [der Schüler] schreibt, das Heilmittel – wenn er

3 *Briefe über den Yoga*, IV, S. 332
4 *Letters on Yoga* – IV, CWSA 31, 549

auch noch die Kraft herbeirufen kann, um die Krankheit hinauszuwerfen, dann ist das die machtvollste Hilfe.[5]

*

Erst durch die Herrschaft über die materielle Natur können Krankheiten ganz am Entstehen gehindert werden. [6]

*

Ich glaube nicht, dass die Trance von X irgendetwas mit ihrem schlechten Gesundheitszustand zu tun hat. Es wäre mir völlig neu, dass die Veranlagung zu Trancen dieser Art eine derartige Auswirkung hätte. Nur die gewaltsame Unterbrechung einer Trance kann ein ungutes Ergebnis zeitigen, muss aber nicht unbedingt eine Katastrophe hervorrufen. Wenn jedoch das bewusste Wesen den Körper in einer absolut vollständigen Trance verlässt, ist es möglich, dass der Faden, der es mit dem Körper verbindet, abreißt oder von einer feindlichen Kraft zertrennt wird, und es nicht fähig wäre, in sein physisches Gehäuse zurückzukehren. Ganz abgesehen von einer solch fatalen Möglichkeit könnte ein Schock entstehen, der eine zeitweilige Störung oder sogar eine gewisse Schädigung hervorrufen könnte. In der Regel jedoch wäre ein Schock die einzige Folge.

Die allgemeine Frage ist eine andere. Es besteht traditionell in vielen Menschen der Glaube, dass die Ausübung des Yoga für die Gesundheit des Körpers schädlich sei

5 *Briefe über den Yoga*, IV, S. 330
6 *Letters on Yoga* – IV, CWSA 31, 550

und die Neigung zu einer ungünstigen Auswirkung der einen oder anderen Art entstehen lässt und schließlich sogar zu einem vorzeitigen Aufgeben des Körpers führt. Ramakrishna[7] scheint diese Ansicht vertreten zu haben, denn aus seinen Bemerkungen ist zu schließen, dass eine Verbindung zwischen Keshab Sens[8] Fortschritt in der Spiritualität und der Krankheit bestand, die seine Gesundheit allmählich zerrüttete – das eine war das Ergebnis, das wünschenswerte Ergebnis des anderen, eine Befreiung und Erlösung vom Leben dieser Welt, *mukti*. Das mag oder mag nicht sein; es fällt mir jedoch schwer zu glauben, dass Krankheit und Verfall des Körpers das natürliche und übliche Ergebnis der Ausübung des Yoga sind oder dass diese Praktik die Ursache einer unumgänglichen Zerrüttung der Gesundheit oder von finalen Krankheiten ist, die zur Auflösung des Körpers führen. Wie wollen wir diese Annahme begründen oder beweisen, dass Nicht-Yogis an ihren Gebrechen leiden und aufgrund der Störungen in ihrer Natur sterben, während die Yogis an ihrem Yoga sterben? Wenn nicht eine unmittelbare Verbindung zwischen ihrem Tod und der Ausübung ihres Yoga bewiesen werden kann – und dies wäre nur in besonderen Fällen mit einiger Gewissheit, nicht aber mit absoluter Gewissheit nachweisbar –, gibt es keinen Grund, an einen solchen Unterschied zu glauben.

---

7 Ramakrishna Paramahamsa (* 18. Februar 1836 in Kamarpukur, Bengalen; † 16. August 1886 in Kolkata) war ein bedeutender hinduistischer Mystiker

8 Keshab Chandra Sen (* 19. November 1838; † 8. Januar 1884) war ein bengalischer Sozialreformer und Religionsstifter des ausgehenden 19. Jahrhunderts

Es ist vernünftiger anzunehmen, dass sowohl Yogis als auch Nicht-Yogis an natürlichen Ursachen und nach demselben Gesetz der Natur erkranken und sterben. Man könnte sogar die Ansicht vertreten, dass – da die Yoga-Shakti ihnen zur Verfügung steht, sofern sie sich ihrer bedienen wollen – die Yogis nicht wegen, sondern trotz ihres Yogas erkranken und sterben. Ich glaube jedenfalls nicht, dass Ramakrishna (oder irgendein anderer Yogi) aufgrund seiner Trancen erkrankte. Nichts weist darauf hin, dass er jemals nach einer Trance auf solche Weise gelitten hat. Ich glaube, irgendwo steht es, oder er sagte es selbst, dass das Krebsgeschwür seines Halses, an dem er starb, dadurch entstanden sei, dass er die Sünden seiner Jünger und jener, die ihm nahestanden, zu tragen hatte. Auch das ist möglich oder nicht möglich, doch handelt es sich um seinen eigenen speziellen Fall. Es ist zweifellos möglich, die Krankheiten der anderen auf sich zu ziehen und es sogar bewusst zu tun – der Fall des griechischen Königs Antigonus und seines Sohnes Dimitrius ist ein berühmtes historisches Beispiel dafür. Auch Yogis tun dies manchmal; oder aber die feindlichen Kräfte überfallen den Yogi mit Krankheiten und benützen die Menschen um ihn herum als Pforte oder Durchlass oder die bösen Wünsche der Menschen als eine instrumentale Kraft. Aber all dies sind spezielle Umstände, die ohne Zweifel mit seiner persönlichen Ausübung des Yogas verbunden sind; dadurch wird aber die allgemeine Behauptung nicht zur Regel erhoben. Eine Neigung, wie sie bei X bestand, den Tod als Erlösung zu wünschen oder willkommen zu heißen oder zu akzeptieren, könnte aufgrund ihres [X] fortgeschrittenen spirituellen Bewusstseins eine Kraft haben, die gewöhnlichen Menschen nicht zur Verfügung steht.

Andererseits gibt es eine gegenteilige Anwendung und Konsequenz des yogischen Bewusstseins: Eine Krankheit kann vom eigenen Körper abgewiesen oder geheilt werden. Selbst chronische oder tief verwurzelte Krankheiten und seit langem bestehende konstitutionelle Mängel können geheilt oder beseitigt und sogar ein vorbestimmter Tod auf lange Zeit hinausgeschoben werden. Narayan Jyotishi, ein Astrologe aus Kalkutta, der damals nicht wusste, wer ich bin – in der Zeit, bevor mein Name politisch bekannt wurde –, sagte meinen Kampf mit den Mlechchha-Feinden sowie die drei folgenden Prozesse gegen mich und die drei Freisprüche voraus. Des Weiteren prophezeite er, dass, obwohl mein Tod gemäß meinem Horoskop im Alter von 63 Jahren festläge, ich mein Leben durch yogische Kraft wesentlich verlängern und ein volles hohes Alter erreichen würde. Tatsächlich habe ich mich durch yogischen Druck von einer Anzahl chronischer Krankheiten befreit, die sich in meinem Körper festgesetzt hatten. Andere wurden durch ihn auf ein vernachlässigbares Minimum reduziert; in zwei der verbleibenden Fälle wurde eine stetig zunehmende Verbesserung erreicht, und im letzten Fall immerhin eine beträchtliche Wirkung erzielt. Aber keines dieser Beispiele, weder die positiven noch die negativen, kann zu einer Regel erhoben werden; die Neigung des menschlichen Verstandes, die Relativität dieser Dinge zu einer absoluten Aussage zu machen, geht nicht an.

Abschließend kann zu den Trancen von X gesagt

werden, dass sie im Allgemeinen von der üblichen *savikalpa*-Art [eine Trance mit Gestaltungen und Bewegungen des Bewusstseins] sind und für alle Arten von Erfahrungen den Weg öffnen. Die großen, dauerhaften Verwirklichungen im Yoga kommen jedoch meist nicht in Trance, sondern durch eine beharrliche wache Sadhana. Das Gleiche kann von der Aufhebung der Bindungen gesagt werden: Von einigen kann man sich manchmal durch eine Erfahrung in Trance befreien, häufiger aber hat es durch ein beharrliches Bemühen in der Sadhana des Wachbewusstseins zu geschehen.[9]

Krankheit ist nicht die Folge der Kraft

Durch die Herabkunft der [Yoga-]Kraft wird weder eine Krankheit noch eine erbliche Veranlagung, noch Wahnsinn ausgelöst. Sie treten von selbst zutage wie im Fall von X, der niemals und nirgendwo auch nur den geringsten Funken einer Herabkunft oder Kraft empfing. Erst nachdem er aus dem Gleichgewicht geraten war, haben wir eine Kraft auf ihn eingesetzt (nicht als Herabkunft, sondern als wirksames Mittel), um ihn so gut wie möglich aufrechtzuerhalten.[10]

*

Eine Herabkunft [der Yoga-Kraft] kann keinesfalls Übelkeit oder Brechreiz verursachen. Es ist möglich, dass,

9 *Briefe über den Yoga*, IV, S. 327ff
10 Ibid., S. 540

wenn man zu viel Kraft herabzieht, Kopfschmerzen oder ein Schwindelgefühl ausgelöst werden; beides hört auf, wenn man sich ruhig verhält, nicht mehr [an der der Yoga-Kraft] zerrt und [das Herabgekommene] assimiliert. Eine Herabkunft kann keinesfalls hohen Blutdruck, Wahnsinn, einen Schlaganfall, Herzschwäche oder irgendeine andere Krankheit auslösen.[11]

*

Manchmal wird im Körper durch den Druck einer Kraft des *tapas*[12] Hitze erzeugt, denn es gibt Dinge, die im Vital, in den Gewohnheiten des Körpers oder im Gehirn-Mental Widerstand leisten; die Ursache der Hitze ist somit nicht die Kraft selbst, sondern der Widerstand. Sobald das System geklärt ist, löst sich die Empfindung von Hitze auf. Diese Hitze lässt sich jedoch klar von einer Krankheit unterscheiden.[13]

Die niedere Natur, die feindlichen Kräfte und Krankheit

Krankheitsattacken sind Angriffe der niederen Natur oder von feindlichen Kräften, die sich eine gewisse Schwäche, ein Offensein oder eine Empfänglichkeit in der [menschlichen] Natur zunutze machen, und sie kommen wie alle anderen Dinge, die auftauchen und

11 Ibid.
12 *tapas*: die energiegeladene Bewusstseins-Kraft
13 *Letters on Yoga* – IV, CWSA 31, 553

zurückgewiesen werden müssen, von außerhalb. Wenn man sie kommen fühlt und die Stärke und Gewohnheit erlangt, sie vor ihrem Eindringen in den Körper zurückzuweisen, kann man von der Krankheit verschont bleiben. Selbst wenn die Attacke von innen aufzusteigen scheint, bedeutet das lediglich, dass sie vor ihrem Eindringen in das Unterbewusste nicht wahrgenommen wurde. Ist sie einmal in das Unterbewusste eingedrungen, wird sie dort von der Kraft, durch die sie kam, früher oder später wachgerufen und dringt in das Körpersystem ein. Wenn du sie unmittelbar nach ihrem Eindringen fühlst, so deshalb, weil sie direkt und nicht über das Unterbewusstsein in dich eingedrungen ist, du sie aber nicht aufspüren konntest, solange sie sich noch außerhalb befand. Sehr häufig kommt sie auf diese Weise frontal, noch häufiger von der Seite, und erzwingt einen Weg durch die feinstoffliche vitale Hülle, unseren hauptsächlichen Abwehrpanzer. Allerdings kann sie dort, in der Hülle selbst, aufgehalten werden, bevor sie in den physischen Körper eindringt. Dann mag man zwar eine Auswirkung spüren, zum Beispiel eine Fiebrigkeit oder einen Hang zur Erkältung, das volle Eindringen der Krankheit jedoch hat nicht stattgefunden. Wenn sie früher aufgehalten werden kann, oder wenn die vitale Hülle als solche widersteht und stark, kraftvoll und intakt bleibt, entsteht keine Krankheit; die Attacke zeigt keine physische Auswirkung und hinterlässt keine Spuren.[14]

*

14 *Briefe über den Yoga*, IV, S. 330f

Krankheit ist immer ein Angriff von gegnerischen Kräften in der Natur – aber nicht immer von dem, was man im Besonderen „die feindlichen Kräfte" nennt, oder von Kräften, die das spirituelle Streben zu vereiteln suchen.[15]

*

Feindlich [als Krankheitsauslöser] bedeutet hier, feindlich gegenüber dem Yoga. Eine Krankheit, die im gewöhnlichen Verlauf als Ergebnis physischer Ursachen entsteht – auch wenn feindliche universale Kräfte die primäre Ursache sind –, ist eine gewöhnliche Krankheit. Wird eine Krankheit jedoch von Kräften verursacht, die dem Yoga feindlich gegenüberstehen, um das Körpersystem durcheinander zu bringen sowie den Fortschritt zu verhindern oder zu verzögern – alles ohne hinreichenden physischen Grund –, dann handelt es sich um eine feindliche Attacke. Sie kann den Anschein einer Erkältung oder einer anderen Krankheit tragen, doch für jemanden, der das Wirken der Kräfte erkennt und nicht nur die äußeren Symptome oder Folgen sieht, ist der Unterschied klar.[16]

*

Das sind Wogen der feindlichen Kraft, die jeden zu erreichen versuchen. Wenn du eine Attacke dieser Art verspürst, musst du erkennen, dass sie von außen zu dir kommt und einen schwachen Punkt in dir berührt. Dann gilt es, so ruhig wie möglich zu bleiben; du musst

15 *Letters on Yoga* – IV, CWSA 31, 554
16 *Briefe über den Yoga*, IV, S. 339f

sie zurückweisen und dich [der Yoga-Kraft] öffnen. Aus dem, was du schreibst, nehme ich an, dass es das physische und vital-physische Bewusstsein war, das [durch die Attacke] ruhelos wurde und in einen Zustand der Revolte geriet, und dass nicht dein gesamtes Bewusstsein erfasst wurde. Wenn du die Attacke, sobald sie kommt, so in Grenzen halten kannst und sie zurückweist, wird es nicht so schwierig sein, sie abzuschütteln. Der Friede und die Kraft müssen in diesen vital-physischen [nervlichen] Teil und in den ganzen Körper herabgerufen werden, bis du fühlst, dass die Atmosphäre und Kraft [des Yoga] dich durchdringen und deinen ganzen Körper erfüllen und nicht nur über dir sind oder dich umgeben. Wenn du immer noch Schwierigkeiten hast, so deshalb, weil das Nervensystem daran gewöhnt war zu reagieren und hier eine gewisse Schwäche besteht; halte jedoch durch und verweigere dem Eindringen der alten Kräfte deine Zustimmung. Die Gewohnheit wird sich abschwächen und verschwinden, und die wahre Kraft, die vom Körper Besitz ergriffen hat, wird die Schwäche auflösen.[17]

*

Die Gewohnheit eines Rückfalls im Körper zu bestimmten Zeiten oder gelegentlich wird durch einen feindlichen Druck bewerkstelligt. Diese Gewohnheit eines fixierten Rückfalls gibt jeder Krankheit ein größeres Beharrungsvermögen, weil das Körperbewusstsein den

17 Ibid., S. 341

Rückfall erwartet und diese Erwartung sein Eintreten begünstigt.[18]

*

Es ist die Erwartung des Mentals, die am meisten dazu beiträgt, den Rhythmus der Attacke aufrechtzuerhalten. Könnte man sich davon befreien, würde dieser Rhythmus gebrochen.[19]

*

Der Tod in frühem Alter ist nach allen Angaben in Europa viel seltener, und die Menschen leben im Allgemeinen länger. Gewisse Krankheiten aber haben trotz des Fortschritts in der Hygiene zugenommen – Grippe, Tuberkulose und Geschlechtskrankheiten. Es sind auch neue Krankheiten entstanden, die früher kaum existierten. Das scheint ganz offensichtlich das Werk der feindlichen Kräfte zu sein.[20]

Die Suggestion der Krankheit

Das Gefühl, krank zu sein, ist zuerst nur eine Suggestion; sie wird zur Realität, weil dein physisches Bewusstsein sie akzeptiert. Es ist wie eine falsche Suggestion im Mental – willigt das Mental ein, dann wird es umwölkt und verwirrt, und es muss sich in die Harmonie und Klarheit zurückkämpfen. Genauso verhält es sich mit

18 Ibid., S. 350
19 Ibid.
20 Ibid., S. 353

dem Körperbewusstsein und der Krankheit. Du darfst sie nicht akzeptieren, sondern musst sie mit Hilfe deines physischen Mentals zurückweisen und damit dem Körper-Bewusstsein helfen, sich von der Suggestion zu befreien. Greife nötigenfalls zu einer Gegensuggestion: „Nein, ich bin gesund; alles ist mit mir in Ordnung und wird es auch weiterhin sein.“ Rufe auf jeden Fall die Kraft der Mutter, damit sie diese Suggestionen sowie die Krankheit, die sie mit sich bringen, hinausstoße.[21]

*

Mit Suggestionen meine ich nicht nur Gedanken und Worte. Wenn der Hypnotiseur sagt, „Schlafe“, dann ist das eine Suggestion; wenn er aber nichts sagt, sondern nur seinen schweigenden Willen einsetzt, um Schlaf zu vermitteln oder mit seinen Händen über das Gesicht streicht, dann ist das auch eine Suggestion.

Wenn eine Kraft oder die Schwingung einer Krankheit in dich eindringt, wird dem Körper diese Suggestion übermittelt. Eine Welle dringt in den Körper ein und mit ihr eine bestimmte Schwingung. Der Körper erinnert sich der „Erkältung“ oder fühlt die Schwingung einer Erkältung und beginnt zu husten, zu niesen oder zu frösteln. Die Suggestion tritt in das Mental ein in der Form, „Ich bin schwach, ich fühle mich nicht wohl, ich bekomme eine Erkältung.“[22]

*

21 Ibid., S. 339
22 Ibid.

Eine Suggestion ist nicht ein eigener Gedanke oder ein eigenes Gefühl, sondern ein Gedanke oder ein Gefühl, das von außen kommt, von anderen, aus der allgemeinen Atmosphäre oder der äußeren Natur. Wenn sie angenommen wird, klammert sie sich an dem Wesen fest, wirkt auf es ein und wird für den eigenen Gedanken, das eigene Gefühl gehalten. Wenn sie als Suggestion erkannt wird, kann man sich leichter von ihr befreien. Dieses Gefühl des Zweifels, des mangelnden Selbstvertrauens und der Hoffnungslosigkeit hinsichtlich der eigenen Person ist etwas, das in der Atmosphäre umherschleicht und versucht, in die Menschen einzudringen und angenommen zu werden. Ich möchte, dass du es zurückweist, denn es verursacht nicht nur Störung und Niedergeschlagenheit, sondern steht der Wiederherstellung der Gesundheit und der Rückkehr zur inneren Aktivität der Sadhana im Weg.[23]

*

Die Suggestion von Schwäche dringt in den unterbewussten Teil des Körperbewusstseins ein und wird daher vom Mental meistens nicht wahrgenommen. Wenn der Körper selbst wirklich bewusst wäre, könnten die Suggestionen rechtzeitig entdeckt und abgeschüttelt werden, bevor sie eine Wirkung auslösen. Auch würde die Zurückweisung durch das zentrale Bewusstsein von einer

23 Ibid., S. 340

bewussten Zurückweisung im Körper unterstützt werden und damit unmittelbarer und rascher wirken.[24]

*

Alle diese Suggestionen, die auf dich eindringen, waren natürlich ein Teil der Attacke auf das physische Bewusstsein. Die Attacke auf den Körper hat den Zweck, diese Ideen entstehen zu lassen, wobei die Ideen benutzt werden, die Erholung des Körpers zu erschweren. In einem gewissen Stadium [der Sadhana] befallen schwere Attacken den Körper aus dem Grund, weil es für die Gegenkräfte schwieriger geworden ist, das Mental und Vital aus der Fassung zu bringen. Somit überfallen sie das Physische in der Hoffnung, damit ihren Zweck zu erreichen, weil dieses anfälliger ist. Die Anfälligkeit des Körpers gegenüber Attacken ist aber kein Beweis der Unfähigkeit [für die Sadhana], genauso wie eine weniger ausgeprägte Anfälligkeit des Mentals und Vitals gegenüber Attacken kein Beweis dafür war – es kann zur rechten Zeit überwunden werden. Was die Gefühle hinsichtlich der Mutter und die Vorstellung anbelangt, dass ihre Liebe nur gegen eine Rückerstattung in Form von Arbeit erhältlich oder für jene bestimmt sei, die die Sadhana vorbildlich ausüben, so ist das die übliche unsinnige Idee des vital-physischen Mentals, die nicht von Bedeutung ist.

Auf den Körper zu achten, um ihn gesund zu erhalten, ist keineswegs falsch, und wenn die Leber nicht in Ordnung ist, war der Instinkt richtig, zu süßes oder

24 Ibid.

zu schweres Essen zurückzuweisen. Mutter hat weder etwas dagegen, dass du, solange die Krankheit andauert, keinen *dal* [ein Gericht aus Hülsenfrüchten] isst, noch hat sie darauf bestanden, dass du überhaupt *dal* isst. Ihr Einwand bezog sich auf etwas, was häufig vorkommt, nämlich dass die Menschen bezüglich dieser oder jener Nahrung bestimmte Vorstellungen hegen und sich dieser Nahrung auch dann enthalten, wenn sie nicht akut krank sind. Während eines akuten Leberleidens ist eine Diät oft notwendig. Man darf nur nicht zulassen, dass falsche Ideen ein nervöses Unvermögen des Magens oder eine chronisch-nervöse Verdauungsstörung entstehen lassen. Eine andere Bedeutung hatte das nicht.

Ich hoffe, du wirst bald wieder gesund sein. Wenn der Körper Probleme hat, musst du mich von Zeit zu Zeit darüber informieren.[25]

*

Es hängt eine allgemeine Suggestion in der Luft, Dengue-Fieber oder die Grippe zu bekommen. Eben diese Suggestion ermöglicht es den feindlichen Kräften, Symptome dieser Art zu erzeugen und die Beschwerden zu verbreiten. Weist man aber sowohl Suggestion als auch Beschwerde zurück, dann werden sich diese Dinge nicht verwirklichen.[26]

*

Das ist die Art, wie Krankheiten versuchen, von einer

25 Ibid., S. 342f
26 *Letters on Yoga* – IV, CWSA 31, 557

Person auf eine andere überzugehen. Sie greifen durch eine solche Suggestion oder sonstwie das Nervenwesen an und versuchen einzudringen. Auch wenn die Krankheit nicht ansteckend ist, geschieht das häufig auf diese Weise, leichter jedoch bei ansteckenden Krankheiten. Die Suggestion oder der Anflug dieser Idee muss sofort abgeschüttelt werden.

Der Körper ist von einem gewissen Schutz umgeben, den wir die Nervenhülle nennen. Bleibt diese stark und verwehrt der Krankheit den Eintritt, kann man selbst inmitten von Pest oder anderen Epidemien gesund bleiben; wird aber die Hülle durchstoßen oder wird schwach, dann kann die Krankheit eindringen.

Was angegriffen wurde, war in Wirklichkeit nicht der physische Körper, sondern diese Nervenhülle und der Nervenkörper (*Pranamaya Kosha*), die eine Ausdehnung oder Umhüllung des physischen Körpers darstellen.[27]

*

Ein Körper ist kein Stoff, noch ist ein kranker Körper ein zerrissener Stoff. Ein schwacher oder kranker Körper kann sich erneuern, seine Vitalität wieder erlangen – so wie es bei Tausenden von Leuten der Fall ist. Ein Stoff hat keine erneuerbare Vitalität. Erst wenn man über fünfundfünfzig oder sechzig ist, wird die Erneuerung schwieriger, doch selbst dann können Gesundheit und Stärke bewahrt werden oder sich genügend regenerieren, um den Körper in einem guten Zustand zu halten.

---

27 *Briefe über den Yoga*, IV, S. 332

Ich verstehe auch nicht ganz, was du unter dem inneren Wesen verstehst. Wenn du mit *vikās* die Entwicklung der Sadhana meinst, ist das Wiedererlangen von Gesundheit und Stärke dafür sehr nötig. Der Körper ist für die Sadhana nicht weniger ein Instrument, als es das Mental und Vital sind, und er sollte, soweit immer möglich, in einem guten Zustand bewahrt werden. Sich nicht um den Körper zu kümmern, ihn als unwichtig anzusehen im Vergleich mit dem inneren Zustand, ist in diesem Yoga nicht die Regel.[28]

*

Es ist schade, dass X die ganze Zeit nicht schreiben konnte. Früher, als sie oft zu schreiben pflegte, ging es ihr nach dem Schreiben jeweils besser. Es ist auch schade, dass ihr die Ärzte gesagt haben, sie würde nicht mehr lange leben. Selbst wenn es wahr wäre, sollte man so etwas nur im äußersten Notfall sagen (was bei ihr nicht der Fall ist), denn es bewirkt eine starke Verringerung der Widerstandskraft und vermindert die noch bestehenden Aussichten auf Heilung und ein Überleben. Die physische Bestimmung von X wirkte immer gegen sie, aber das ist eine Sache, die aufgehoben werden kann, wenn man genügend Glauben und innere Stärke und Empfänglichkeit hat und die spirituelle Kraft aufnehmen kann.[29]

*

Diese Autosuggestionen – in Wirklichkeit ist es Glaube

28 *Letters on Yoga* – IV, CWSA 31, 558
29 Ibid.

in mentaler Form – wirken sowohl auf das Unterschwellige (*subliminal*) als auch auf das Unterbewusste ein. Im Unterschwelligen setzen sie die Kräfte des inneren Wesens in Tätigkeit, seine okkulte Fähigkeit, den Gedanken, Willen oder einfach die bewusste Kraft auf den Körper wirken zu lassen. Im Unterbewussten bringen sie die ausdrücklichen oder verdeckten Suggestionen von Tod und Krankheit zum Schweigen, welche Einflüsterungen die Wiedererlangung der Gesundheit verhindern. Auch tragen sie dazu bei, die gleichen Dinge (feindliche Suggestionen) im Mental, Vital und Körperbewusstsein zu bekämpfen. Wo all dies konsequent oder mit einiger Vollständigkeit getan wird, können die Auswirkungen [der Autosuggestion] sehr bemerkenswert sein.[30]

*

In sehr ähnlicher Weise wurden Coués Patienten durch sein Suggestionssystem geheilt, nur dass statt eines physischen ein mentales Mittel angewendet wurde[31]. Das Körper-Bewusstsein reagiert auf die Suggestion der Arznei, und man wird für eine bestimmte Zeit geheilt – oder aber es reagiert nicht, und es gibt keine Heilung. Wie kommt es, dass die gleiche Arznei für die gleiche Krankheit bei dem einen zum Erfolg führt und bei einem anderen nicht, oder das eine Mal bei jemandem eine Wirkung zeitigt und später gar keine mehr? Die völlige Heilung

30 *Briefe über den Yoga*, IV, S. 357

31 Émile Coué (* 26. Februar 1857; † 2. Juli 1926) war ein französischer Apotheker und Autor sowie Begründer der modernen, bewussten Autosuggestion

einer Krankheit, so dass sie nicht mehr zurückkehren kann, hängt davon ab, inwieweit man das Mental-, das Vital- und das Körper-Bewusstsein von der psychologischen Reaktion auf die Kraft, welche zur Krankheit führt, befreien kann. Manchmal geschieht das durch eine Art Befehl von oben (sofern das Bewusstsein dazu bereit ist, was nicht immer der Fall ist). Die volle Immunität gegen jede Krankheit, auf die unser Yoga abzielt, kann jedoch nur durch eine totale und dauerhafte Erleuchtung von oben kommen. Als Folge davon würden die psychologischen Wurzeln jeglicher Krankheit aus dem Weg geräumt – anders kann es nicht getan werden.[32]

Heilende Autosuggestion: Die Coué-Methode

Die letztgültige Entdeckung auf dieser Welt ist die, dass alles vom Bewusstsein und seinen Bewegungen abhängt, sogar jene Dinge, von denen man das nicht annimmt. Bei Angelegenheiten wie Krankheit, vitalen Beschwerden etc. läuft das auf Suggestionen (feindliche) und Autosuggestionen hinaus. Obwohl Coué diese Dinge nicht wusste, hatte er die brillante Intuition, auf die gegenteilige Methode heilender Autosuggestionen zurückzugreifen, wobei er einen gründlichen und systematischen Ansatz wählte. Hier hat er keinen so großen Erfolg, weil die Anti-Coué-Haltung bei vielen stark ausgeprägt ist, d.h. die Gewohnheit, feindliche Suggestionen zu unterhalten oder ihnen gegenüber

32 *Briefe über den Yoga*, IV, S. 338

offen zu sein. Jedoch sind auch im Yoga Glaube und richtige Autosuggestionen von großem Nutzen, bis man das Stadium erreicht, wo Suggestionen nicht mehr nötig sind, weil das Wahrheits-Bewusstsein automatisch handelt und seine natürlichen Resultate bewirkt.[33]

*

Suggestionen, die eine Krankheit oder ungesunde Verfassung des physischen Wesens hervorrufen, treten im Allgemeinen über das Unterbewusste auf. Ein großer Teil des physischen Wesens, der materiellste Teil desselben, ist nämlich unbewusst, das heißt, er hat ein eigenes, dunkles Bewusstsein, und zwar so dunkel und in sich selbst eingeschlossen, dass das Mental von seinen Bewegungen oder dem, was dort vorgeht, nichts weiß. Immerhin ist es ein Bewusstsein und kann Suggestionen von äußeren Kräften empfangen, genauso wie das Mental und Vital. Wäre das nicht der Fall, könnte es für die [Yoga-]Kraft weder geöffnet noch durch diese Kraft geheilt werden. Auch wäre das physische Wesen ohne dieses Bewusstsein nicht fähig zu reagieren. In Europa und Amerika wird diese Tatsache jetzt von vielen Menschen erkannt, und sie behandeln ihre Krankheiten in der Weise, dass sie auf den Körper durch bewusste mentale Suggestionen einwirken, die den dunklen, verborgenen Suggestionen von Krankheit im Unterbewussten entgegenwirken. Ein berühmter französischer Arzt [Coué] kurierte Tausende von Menschen, indem er sie veranlasste, auf den Körper

33 *Letters on Yoga* – IV, CWSA 31, 559

ständig solche Gegensuggestionen einwirken zu lassen. Das beweist, dass Krankheiten nicht nur rein materielle Ursachen haben, sondern durch eine Störung des verborgenen Bewusstseins im Körper ausgelöst werden.[34]

*

Es ist sicher besser, nicht bei den Schwierigkeiten zu verweilen oder ihnen zu viel Raum zu geben, denn unsere Erfahrung zeigt uns, dass ihr Wiederauftreten dadurch wie eine sich endlos wiederholende Dezimalstelle gefördert wird. Die Coué-Formel ist zu grob und einfach, um ihrem Prinzip nach vollständig wahr sein zu können, aber sie hat eine große praktische Kraft. Hinter ihr liegt eine sehr große Wahrheit, in einer Welt und einem Bewusstsein, das von der Maya des Übermentals[35] beherrscht wird: Darin erhält das, was wir ständig bekräftigen, die Macht, im Bewusstsein und in der Erfahrung fortzudauern und unterstützende Umstände herbeizuführen. Hingegen enthält das, was wir verneinen und zurückweisen und uns durch das Wort zu unterstützen weigern, eine Tendenz, nach einer gewissen Zeit und gewissen Widerständen, in unserem Bewusstsein an Kraft zu verlieren. Auch die Umstände und Bewegungen, die es unterstützen, neigen dazu, weniger oft aufzutreten, bis sie zuletzt

---

34 *Briefe über den Yoga*, IV, S. 337

35 Übermental: die höchste Mentalebene vor dem Supramental und in gewisser Weise ein Zwischenstadium und Vermittler vor der Verwirklichung des Supramentals und Instrument der Evolution. Maya: bezeichnet in seiner ursprünglichen Bedeutung im Veda das umfassende schöpferische Wissen

verschwinden. Grundlegend ist es das Prinzip des Mantra[36]. So gesehen, begrüße ich deinen Entschluss, diesen Dingen die Unterstützung des geschriebenen Wortes zu verweigern. Andererseits führt eine beharrliche innere Bekräftigung dessen, was verwirklicht werden soll, immer zu einer Antwort von oben.[37]

*

Diese Dinge [Heilungen durch Glauben und Psychotherapie] sind eine bewiesene Sache, und die Beweise für Coués Erfolg sind überwältigend. Es hat auf der ganzen Welt auch viele andere große Heiler gegeben, deren Erfolge durchaus bezeugt sind. Heilungen durch Glauben und Psychotherapie sind ebenfalls Tatsachen.[38]

Glaube, Vertrauen und Heilung

Die meisten [Krankheiten] können fast sofort durch Glauben und das Herabrufen der Kraft überwunden werden. Die chronischen Krankheiten sind schwieriger, aber auch sie können bei beharrlichem Einsatz durch dieselben Mittel geheilt werden.[39]

*

Du brauchst nur zuzugestehen, dass das Mental und

36 Mantra: heilige Silbe, Name oder mystische Formel; festgelegte Wörter oder Klänge mit einer spirituellen Bedeutung
37 *Letters on Yoga* – IV, CWSA 31, 561
38 *Briefe über den Yoga*, IV, S. 357
39 *Letters on Yoga* – IV, CWSA 31, 561

Vital den Körper beeinflussen können – dann löst sich die Schwierigkeit auf. Bei dieser Einwirkung von Mental und Vital auf den Körper sind Glaube und Hoffnung von enormer Bedeutung. Das will nicht heißen, dass sie allmächtig oder von unfehlbarer Wirkung sind – überhaupt nicht. Doch sie unterstützen die Wirkung einer jeglichen Kraft, die angewandt werden kann, sogar die einer scheinbar rein materiellen Kraft wie im Fall der Medizin. In Wirklichkeit gibt es keine rein materielle Kraft; allerdings kann die Wirkung rein materiell sein, wenn es um materielle Objekte geht. Aber in Dingen, die Leben oder Mental und Leben in sich tragen, lässt sich die materielle Funktion nicht auf diese Weise abspalten. Immer spielen andere Kräfte mit hinein, zumindest bei der Aufnahme derselben und meistens auch zu Beginn und im späteren Verlauf [der Prozesse]. [40]

*

Bleibe innerlich ruhig, und konzentriere dich nur auf den Erhalt von Stärke und Gesundheit, im Vertrauen darauf, dass wir die ganze Zeit bei dir sind, und du wirst bald wieder gesund sein.[41]

Wesensteile und Krankheit

Aus deiner Beschreibung geht klar hervor, dass das Hemmnis im Hals nicht physischer Natur ist; es ist die

40 Ibid., S. 561f
41 Ibid., S. 562

Behinderung durch die Formation einer dunklen Kraft im physischen Mental, – denn der Hals ist das Zentrum des physischen Mentals. In den anderen Teilen deines Mentals besteht keine Gegenwirkung, aber hier im physischen Mental verbleibt vermutlich eine gewohnheitsmäßige Form alter äußerer Ideen, die zwar zurückgewiesen wurden, aber von denen trotzdem noch etwas da ist. Eben dies nimmt dann die Form von Behinderung und Schmerz an.[42]

*

Weder dem Vital noch dem Körper wohnen diese Kräfte inne – eine Kraft von außen ruft sie hervor, und das Nervensystem (physisch-vital) sowie der Körper reagieren aus Gewohnheit auf sie oder sind nicht fähig, sie abzustoßen. Es ist immer besser, nicht zu sagen: „Ab jetzt will ich nie mehr krank sein." Damit ziehst du die Aufmerksamkeit dieser missgünstigen Kräfte auf dich, die dann sofort beweisen wollen, dass sie den Körper immer noch zu stören vermögen. Wenn sie kommen, weise sie einfach zurück.[43]

*

Die [vital-physische] nervliche Hülle unterstützt den Körper. Ist sie ruhig und stark und intakt, dann wird der Körper gut unterstützt und vermag Krankheit und Schwäche zu widerstehen, oder wenn eine Krankheit kommt, wird er sie besser ertragen und leichter wieder

42 Ibid.
43 *Briefe über den Yoga*, IV, S. 346

loswerden. Wenn die nervliche Hülle schwach ist, dann trifft das Gegenteil ein. Sollte die nervliche Hülle nicht nur schwach, sondern auch nervös und unstabil sein, überempfindlich, impulsiv oder reizbar, führt das im Wesen zu viel Schwankung, Ruhelosigkeit, übertriebenem Hochgefühl und Depression. Darüber hinaus kann eine im falschen Sinne aktive Einbildungskraft zu Beschwerden im Körper führen, die nervöser und nicht physischer Natur sind: Das Herz, wiewohl nicht krank, mag von Schmerzen und Herzrasen befallen sein, und Magen und Gedärme, wiewohl auch sie nicht krank, verlieren die Fähigkeit zu verdauen – eine nervöse Dyspepsie; Schmerzen zeigen sich in verschiedenen Teilen des Körpers und so fort; zuweilen ist da auch Hysterie.

Diese Dinge sind dem Körper nicht immer angeboren; oft werden sie durch Schwierigkeiten im Leben, eine aufwühlende Krankheit oder aus anderen Gründen hervorgerufen. Manchmal wirken allerdings auch erbliche oder andere systemeigene Faktoren verursachend. Frauen neigen in diese Richtung, manchmal im Fall von Menstruationsstörungen.

Wenn die nervliche Hülle solche Tendenzen aufweist, ist es zwingend erforderlich, Friede und Stärke in sie zu bringen, und es nicht zuzulassen, dass sie den Körper oder das allgemeine System durcheinanderbringt.[44]

*

44 *Letters on Yoga* – IV, CWSA 31, 563

Immer das gleiche rigide Mental, das alles in eine Aussage von erstaunlicher Absolutheit verpackt! Es ist meine und Mutters Erfahrung, dass alle Krankheiten durch die nervliche oder vital-physische Hülle des Subtilbewusstseins und des feinstofflichen Körpers eindringen, ehe sie das Physische befallen. Ist man sich des feinstofflichen Körpers bewusst und verfügt aktiv über das Subtilbewusstsein, kann man eine Krankheit auf ihrem Weg aufhalten und daran hindern, in den physischen Körper einzudringen. Sie kann aber auch kommen, ohne dass man es bemerkt, während des Schlafes oder über das Unterbewusste oder im Sturm, wenn man nicht auf der Hut ist. Dann bleibt nichts anderes übrig, als sie durch die Macht zu bekämpfen, die man bereits über den Körper gewonnen hat. Aber selbst wenn wir davon ausgehen, dass man immer auf der Hut ist, immer bewusst ist, sogar im Schlaf, heißt das immer noch nicht, dass man in seiner eigentlichen Natur vor Krankheiten verschont bleibt. Es ist lediglich eine Macht der Selbstverteidigung gegen die Krankheit, wenn sie zu kommen versucht. Die Selbstverteidigung durch diese inneren Mittel kann so stark werden, dass der Körper praktisch immun wird, wie viele Yogis es sind. Dennoch ist dieses „praktisch“ nicht gleichbedeutend mit „absolut“. Die absolute Immunität kann nur mit der supramentalen Wandlung eintreten. Denn unterhalb des Supramentals ist sie das Ergebnis des Wirkens einer Kraft unter vielen Kräften, das durch eine Störung des erlangten Gleichgewichts beeinträchtigt werden kann. Im Supramental hingegen ist sie ein Gesetz der Natur; in einem supramentalisierten Körper wäre

Immunität gegen Krankheit etwas Automatisches, etwas, das seiner neuen Natur innewohnt.

Es besteht ein Unterschied zwischen der yogischen Kraft auf der mentalen und den darunterliegenden Ebenen und der supramentalen Natur. Was durch Yoga-Kraft im Mental- und Körperbewusstsein erlangt und bewahrt wird, wohnt dem Supramental von allein inne und braucht nicht erreicht zu werden, sondern ist naturgegeben – es ist selbstbestehend und absolut.[45]

*

Was ich meinte, war, dass das Körperbewusstsein aufgrund einer alten Gewohnheit des Bewusstseins die Kraft der Krankheit zulässt und die Erfahrungen durchläuft, die damit verbunden sind – zum Beispiel eine Ansammlung Schleim in der Brust und das Gefühl des Erstickens oder Schwierigkeiten beim Atmen. Um sich davon zu befreien, muss man im Körper selbst einen Willen und ein Bewusstsein wachrufen, die nicht zulassen, dass diese Dinge sich einem aufdrängen. Das aber zu erreichen und mehr noch, es vollständig zu erreichen, ist schwierig. Ein Schritt darauf zu ist, das innere Bewusstsein vom Körper zu trennen – zu fühlen, dass nicht du es bist, der krank ist, sondern nur, dass im Körper etwas geschieht, das auf dein Bewusstsein einwirkt. Dann ist es möglich, dieses gesonderte Körperbewusstsein zu erkennen – was es fühlt, wie es auf Dinge reagiert und wie es arbeitet. Man kann

45 *Briefe über den Yoga*, IV, S. 331

dann darauf einwirken, um sein Bewusstsein und seine Reaktionen zu wandeln.[46]

*

Ich freue mich zu hören, dass die Störung letzte Nacht vertrieben werden konnte; jetzt muss die Empfangsbereitschaft des Körperbewusstseins bewahrt werden, damit sie [die Störung] keinesfalls mehr zurückkommen kann oder, falls sie es trotzdem versucht, sofort vertrieben wird. Du musst immer danach trachten, die Ruhe zu bewahren, musst deprimierenden oder quälenden Gedanken oder Gefühlen den Einlass verwehren, ohne dass sie von deinem Mental oder deiner Rede Besitz ergreifen; wenn man einmal die innere Ruhe und Weite gewonnen hat, gibt es keinen echten Grund zuzulassen, dass sie wieder entgleiten und diese Dinge eindringen. Wenn das Mental seine Ruhe bewahrt und nur gegenüber den höheren Kräften aufnahmebereit ist, kann es mit Leichtigkeit diese Ruhe und Aufnahmebereitschaft auf das Körperbewusstsein und sogar auf die materiellen Zellen des Körpers übertragen.[47]

*

Je mehr sich das Körperbewusstsein der [Yoga-] Kraft öffnet (seine gänzliche Öffnung ist immer das Schwierigste und Letzte), desto geringer wird diese

46 Ibid., S. 334
47 Ibid., S. 348f

wiederholte Belastung durch die Krankheit, bis sie schließlich verschwindet.[48]

*

Was die Frage der Krankheit angeht, so ist Vervollkommnung auf der physischen Ebene in der Tat Teil des Ideals des Yogas, aber es steht als Letztes auf dem Programm. Man kann eine gewisse Vollkommenheit auf anderen Ebenen haben, ohne Immunität im Körper zu besitzen, solange der grundlegende Wandel im materiellen Bewusstsein, dem der Körper angehört, nicht erfolgt ist.[49]

Krankheiten akzeptieren und genießen

Deine Krankheitstheorie beruht auf einer ziemlich gefährlichen Überzeugung, denn Krankheit ist etwas, das zu eliminieren und nicht zu akzeptieren oder zu genießen ist. Etwas *ist* im Wesen, das die Krankheit genießt, und es ist sogar möglich, die Schmerzen einer Krankheit - wie jeden anderen Schmerz - in eine Form des Vergnügens zu wandeln. Sowohl Schmerz als auch Vergnügen sind eine Degradierung eines ursprünglichen Anandas und gegenseitig austauschbar oder können in ihr ursprüngliches Prinzip des Anandas sublimiert werden. Es ist ebenso wahr, dass man fähig sein muss, die Krankheit mit Ruhe, Gleichmut und Geduld zu ertragen, da sie als etwas aufgetreten ist, das man im Laufe der Erfahrung zu bewältigen

48 Ibid., S. 334
49 Sri Aurobindo: *Über sich selbst*, S. 402

hat. Wenn man sie aber akzeptiert und genießt, trägt das zu ihrer Fortdauer bei, und das ist nicht richtig, denn Krankheit ist eine Entstellung der physischen Natur, genauso wie Wollust, Ärger, Eifersucht usw. Entartungen der vitalen Natur sind, während Irrtum, Vorurteil und Nachgiebigkeit gegenüber der Falschheit Entartungen der mentalen Natur sind. Alle diese Dinge müssen ausgemerzt werden, und Zurückweisung ist die erste Voraussetzung für ihr Verschwinden – sie jedoch zu akzeptieren, hat die gegenteilige Wirkung.[50]

*

Wenn man Glauben hat und offen für die Kraft ist, können Krankheiten natürlich auf diese Weise überwunden werden. Wogegen ich Einwand erhob, war das Akzeptieren der Krankheit und sogar ihr Genießen; dies ist zulässig bei Yoga-Arten, die nicht auf die Transformation des physischen Bewusstseins abzielen, nicht aber hier.[51]

*

Mit dem Willen zur Krankheit meinte ich, dass etwas im Körper sei, das in die Krankheit einwilligt und auf eine bestimmte Weise reagiert, so dass diese Einwilligung wirksam wird. Daher muss immer ein Wille in den bewussten Teilen des Wesens herrschen, der dem entgegenwirkt, damit man sich von dieser höchst physischen Bereitwilligkeit befreien kann.[52]

*

50 *Briefe über den Yoga*, IV, S. 333
51 *Letters on Yoga* – IV, CWSA 31, 566
52 *Briefe über den Yoga*, IV, S. 333f

All das ist ganz falsch.[53] Krankheit ist eine falsche Bewegung des Körpers und soll nicht mehr gehätschelt werden als eine falsche Bewegung des Mentals oder Vitals. Schmerz und Krankheit sollen mit Ruhe, Abstand und Gleichmut ertragen, aber nicht gehätschelt werden – je schneller man sie wieder loswird, desto besser.[54]

*

Es ist immer falsch, sich Krankheit herbeizuwünschen. Fieber ist keine reinigende Aktion. Es ist das Zeichen eines Angriffs auf den Körper und ein Kampf und Widerstand gegen den Angriff. Krankheit im Körper ist wie eine Unreinheit im Vital, eine unerwünschte Sache, die zurückzuweisen ist. Es mag vorkommen, dass zusammen mit dem Herauswerfen der Krankheit (der angreifenden Kraft), man auch innen etwas hinauswirft, irgendeine Unreinheit, die ihr Kommen begünstigte, aber dies ist das Resultat einer im Inneren wirkenden Kraft und nicht der Krankheit. Es ist durchaus möglich, dass eine Krankheit oder ein Angriff vom einen zum anderen übertragen wird, was tatsächlich häufig der Fall ist. Daraus folgt aber nicht, dass es auch in diesem Fall so war.[55]

*

53 Der Korrespondent schrieb: „Einige Sadhaks vertreten die Theorie, dass Krankheit eine zu schätzende Sache sei. Sie werde uns vom Göttlichen geschickt, das dadurch unseren Glauben prüfen wolle. Krankheit lasse uns eher an das Göttliche denken als sonst, und deshalb solle man sich nicht einmal an die Mutter wenden, um sie von uns zu weisen. Was halten Sie davon?" – Hrsg.

54 *Letters on Yoga* – IV, CWSA 31, 566

55 Ibid.

Es war das Mental, das die Krankheit nicht wollte. Dieses Vital [das vitale Physische], wenn es sich selbst überlassen ist, wünscht sich häufig die Krankheit herbei, macht ein Drama daraus und glaubt, dass es dadurch für andere interessant werde; es gibt sich auch gerne dem *tamas* hin, usw. usw.[56]

*

Auch das [die fortwährende Schwäche des Körpers] ist *tamas.* Wenn du die Idee der Schwäche abschütteln würdest, könnte die Stärke zurückkehren. Es besteht jedoch immer etwas im vitalen Physischen, dem es gefällt, schwächer und krank zu werden, so dass es seinen tragischen Fall fühlen und beklagen kann.[57]

*

Wenn dies [Magensäure und Kolik] seine einzige Krankheit ist, besteht absolut kein Grund, warum er nicht wieder gesund werden sollte, falls er gute Gewohnheiten pflegt, auf sein Essen achtet, und vor allem die richtige Haltung einnimmt. Ich vermute, dass der Grund, warum seine Krankheit derart hartnäckig ist und eine solch starke Wirkung auf ihn ausübt, mehr als alles andere in seiner Einbildungskraft und den Nerven liegt. Da ist etwas, das die Krankheit erwartet, sie akzeptiert, wenn sie kommt, und ihr freies Spiel einräumt. Er muss lernen, in seinem Mental und im vitalen Wesen still und ruhig zu bleiben, sich zu weigern, die Krankheit und die Hinneigung zu

56 *Briefe über den Yoga*, IV, S. 333; *tamas*: das Prinzip der Trägheit
57 Ibid.

ihr als etwas für ihn Normales zu betrachten. Vielmehr sollte er sie als etwas betrachten, das ihm von außen aufgezwungen wurde, und er muss fest daran glauben, dass sie gehen muss und wird. Wenn er diese Haltung aufrechterhalten und sich der wahren Kraft öffnen kann, werden Krankheit und Schwäche verschwinden, sobald Mental und nervliches Wesen einmal gestärkt sind.[58]

Depression und Krankheit

Es ist nichts Physisches, sondern eine vitale Depression, die verhindert, dass der Körper seine Elastizität zurückgewinnt. Ein Teil des Vitals widersetzte sich einer radikalen Wandlung und versuchte – was selbst deinem Mental verborgen blieb –, den bestehenden Zustand aufrechtzuerhalten. Es hat nun durch diese letzte Sache einen Schlag erhalten und ließ sich deprimieren, und wenn das Vital auf diese Weise deprimiert ist, greift das auf den Körper über. Du sagst ganz richtig, dass es Teil einer stattfindenden Wandlung oder Wende ist. Aber diese Auswirkungen von Trägheit und Schwäche sollten nicht anhalten. Sobald sich das Vital freudig in die Wende oder Wandlung fügt, werden Elastizität und Energie zurückkehren.[59]

*

Es ist gut, dass du die Empfindung von Krankheit

58 *Letters on Yoga* – IV, CWSA 31, 567
59 *Briefe über den Yoga*, IV, S. 345f

zurückweist und keine Depression zulässt. In deinem physischen Wesen soll keine Besorgnis sein; lass es sich vertrauensvoll der Kraft öffnen.[60]

*

Die Keime dieser alten Krankheiten verbleiben im Unterbewussten, nachdem sie geheilt sind. Wenn also das Unterbewusste später bearbeitet wird, kann ein feindlicher Schub, der eine allgemeine Depression mit sich bringt, sie wieder aufsprießen lassen. Sofern man in seiner Sadhana wachsam und ausdauernd ist, können sie aber auch von der Kraft in Schach gehalten werden, ohne weitere Probleme zu verursachen.[61]

Angst und Krankheit

Wenn in deinem Vital Angst und Besorgnis da sind, ist das als Erstes hinauszuwerfen, da es den Krankheiten den Einlass ermöglicht.[62]

*

Leute, die alle nur möglichen Vorsichtsmaßnahmen treffen, ziehen sich eine Krankheit zu, während andere, die sich keine Sorgen machen, dem entgehen. Es gilt, sich genügend darum zu kümmern, wenn ein unmittelbarer

60 *Letters on Yoga* – IV, CWSA 31, 568
61 Ibid.
62 Ibid.

und definitiver Anlass zur Besorgnis gegeben ist, aber das ist alles.[63]

*

Worin besteht die Schwierigkeit *[im Verständnis, wie die feinstofflichen Kräfte einer Krankheit den Körper angreifen, indem sie für ihren Zweck auf Bakterien und Viren zurückgreifen]*? Du kommst mir vor wie die Wissenschaftler, die sagen oder zu sagen pflegten, dass es keine solche Sache gebe wie ein Mental oder ein Denken, das unabhängig vom physischen Gehirn existiere. Mental oder Denken seien nur Namen für Zuckungen des Gehirns. Oder dass es keine solche Sache gebe wie die Vitalkraft, da alle Lebensregungen auf Chemikalien, Drüsen und was weiß ich basierten. Diese Dinge und die Krankheitskeime sind jedoch nur die sekundäre physische Instrumentation für etwas Supraphysisches.[64]

Sie [die feinstofflichen Kräfte der Krankheit] schwächen zuerst die Nervenhülle oder Aura oder durchbrechen sie. Wenn sie stark und heil ist, können viele Millionen Krankheitserreger nichts gegen dich ausrichten. Sobald die Hülle durchbrochen ist, greifen sie das unterbewusste Mental im Körper an, manchmal auch das vitale Mental oder das eigentliche Mental. Sie bereiten die Krankheit durch Furcht vor oder indem man an sie denkt. Selbst die Ärzte sagen, dass bei Grippe oder Cholera im Fernen Osten 90% der Leute aufgrund von Furcht erkranken. Nichts unterhöhlt den Widerstand so sehr wie die Furcht.

63 Ibid.
64 Ibid., S. 568f

Aber dennoch spielt das Unterbewusstsein *[bei der Auslösung der Krankheit]* die Hauptrolle.

Wenn die Abwehrkraft im Körper stark ist, kann man sich inmitten von Pest und Cholera umherbewegen und wird nicht angesteckt.[65]

*

Ich habe mir den Arztbericht angesehen, und daraus scheint klar hervorzugehen – er sagt es selbst –, dass nichts Ernsthaftes an der Sache sei und keine Gefahr bestehe. Sollte eine Herzerweiterung bestehen, so war sie so leicht, dass sie schwierig zu erkennen war, und alles andere ist gesund und normal.

Was immer schiefläuft im System, kann leicht wieder in Ordnung gebracht werden. Allerdings ist die erste grundlegende Voraussetzung, dass du dich dieser Furcht entledigst, die das Wirken der Kraft behindert und der Heilung entgegensteht. Auch ist es notwendig, dass du ab jetzt endgültig nicht nur auf Alkohol und Wein verzichtest, sondern auch auf Sex und das Rauchen. Gesunde Lebensumstände sind unerlässlich, damit die Kraft zunichtemachen kann, was in der Vergangenheit getan wurde, und die volle Stärke und Normalität des Körpers wiederherstellt.

Begründe in dir die Ruhe und den Mut des Sadhaks. Fürchte nichts, mache dich empfänglich, weise die noch verbleibenden Schwächen zurück – dann wird der Fortschritt, der begonnen hatte, sich vervollkommnen,

65 *Briefe über den Yoga*, IV, S. 332

und auch der Körper wird zu einem beständigen Ort des wahren Bewusstseins und der Kraft.[66]

Trägheit und Krankheit

Der menschliche Körper hatte schon immer die Gewohnheit, auf alle Kräfte zu reagieren, die seiner habhaft geworden sind, und Krankheit ist der Preis, den er für seine Trägheit und Unwissenheit zahlt. Er hat zu lernen, allein auf die eine Kraft zu reagieren, aber das zu tun ist für ihn nicht leicht.[67]

*

Schwäche und Trägheit in der physischen Natur sind dafür verantwortlich, dass er [der Körper] den Krankheitsattacken unterliegt und sie gutheißt, anstatt sie zurückzuweisen. Das ist das Wesen des materiellen Physischen in allem. Dies lässt sich nur beheben durch die Kraft und das Bewusstsein von oben, die das ganze physische Wesen besetzen.[68]

*

Die physische Schwierigkeit, die auf dir lastet, scheint aus zwei Elementen zu bestehen. Das erste ist die Leberstörung, die schwächt und noch mehr schwächen muss, wenn sie dich veranlasst, weniger Nahrung zu dir zu

66 *Letters on Yoga* – IV, CWSA 31, 569
67 *Briefe über den Yoga*, IV, S. 330
68 *Letters on Yoga* – IV, CWSA 31, 570

nehmen, als der Körper benötigt, um für eine Reaktion stark genug zu sein. Vermutlich ist auch die nervlich bedingte Neigung zu Schlaflosigkeit mit ihren Konsequenzen darauf zurückzuführen. Das zweite [Element] ist eine Trägheit des niederen vitalen und physischen Bewusstseins, die dich daran hindert, die Müdigkeit abzuschütteln, auf Attacken zu reagieren und dich stetig der [Yoga-]Kraft zu öffnen, welche diese Dinge beseitigen würde. All das wird ausgelöst durch den Zusammenbruch deiner Ausgeglichenheit, die du so lange Zeit bewahren konntest, durch die vitale Schwierigkeit, die den Zusammenbruch auslöste, und durch die Reaktion des niederen Vitals auf deine Beharrlichkeit, die Ursachen der Störung abzuschütteln. Bei dieser Reaktion scheint es sich um eine Unwilligkeit gehandelt zu haben, jene Dinge, an die es sich noch klammerte, zu verlieren. Eine solche Reaktion verursacht immer eine Trägheit des physischen Bewusstseins, während im Gegensatz dazu die richtige Reaktion im niederen Vital ein Gefühl des Friedens, der Erlösung und der Ruhe auslöst, welches mit Sicherheit die niedersten physischen Teile dem höheren Bewusstsein und der höheren Kraft öffnet. Wenn du darüber hinwegkommen kannst und die alte Ausgeglichenheit wiedergewinnst, dann können alle diese Dinge zum Verschwinden gebracht werden.

Vom medizinischen Standpunkt aus hatte X natürlich recht, wenn er Übungen empfahl – für die Leber und als ein Stärkungsmittel für den Körper ist das gewiss hilfreich. Etwas Bewegung mag somit ratsam sein. Es ist sicher angemessen, auf eine gute Verfassung des Körpers zu achten und für Ruhe, Schlaf, passende Nahrung und ausgleichende Körperübungen zu sorgen. Jedoch ist es nicht gut, sich zu sehr damit zu beschäftigen, wegen einer Krankheit ängstlich oder verzagt zu sein, denn so etwas begünstigt nur die Verlängerung des Leidens oder der Schwäche. Bei einer Erkrankung der Leber zum Beispiel kann man sich, falls erforderlich, immer einer Behandlung unterziehen.

Die wahren Mittel für die Genesung bestehen jedoch immer in der richtigen inneren Haltung, der inneren und äußeren Ruhe, dem Glauben, dem Sich-Öffnen des Körperbewusstseins gegenüber der Mutter und ihrer Kraft – andere Dinge können nur untergeordnete Hilfen und Lösungen darstellen.[69]

Ärger und Krankheit

Was X all den Kummer bereitet hat, ist das Beharren auf seinem Ego, seinen Ideen, Forderungen, Wünschen, Absichten sowie seine Aggressivität bei deren Ausdruck, so dass er mit jedermann Streit bekam. Diese Streitsucht machte ihn offen für alle möglichen Kräfte der vitalen Ebene und ihre Angriffe. Sie ist auch die Ursache seines Leberschadens und seiner Verdauungsbeschwerden, denn Streitsucht und Ärger führen immer dazu, die Leber zu schädigen und hierdurch auch Magen und Darm. Da seine Streitsucht ein kolossales Ausmaß hat, ist auch der

69 *Briefe über den Yoga*, IV, S. 343f

Schaden an seiner Leber und seinen Verdauungsorganen außerordentlich. Er muss sich von seinem Egoismus, von seiner Streitsucht und schlechten Gefühlen anderen gegenüber befreien, wenn er seine Gesundheit und seine Sadhana wieder in Ordnung bringen will.[70]

Arbeit und Krankheit

Ich sehe nicht ein, warum mit X zu arbeiten eine gute Gesundheit verunmöglichen soll, außer du meinst damit, dass dir zu viel Arbeit aufgeladen wird – aber in diesem Fall kann die Arbeitslast reduziert werden. Tatsächlich kann im Moment Ruhe und Verringerung der Arbeitslast angeordnet werden, und für die Zukunft sehen wir dann weiter. Wenn du meinst, dass Arbeit nach den Vorstellungen eines anderen dich krank macht oder krank bleiben lässt, sehe ich nicht ein, warum dies so sein sollte. Neunundneunzig Leute von hundert tun das – nur einige wenige können ihre eigenen Ideen in die Tat umsetzen, und sogar sie müssen bei der tatsächlichen Ausführung ihrer Arbeit ihre Ideen weitgehend denjenigen anderer Leute anpassen. Wenn du meinst, dass mit Disziplin zu arbeiten und Dinge zu tun, die dir nicht ganz plausibel erscheinen, dich nervös, mutlos und krank macht, dann ist das schade. Es wäre so viel besser, wenn du die Verantwortung, wie die Dinge zu tun sind, der Mutter überlassen könntest und das, was zu tun ist, frohgemut

70 Ibid., S. 344f

tun würdest. Solltest du dich nicht durchringen können, diese Haltung einzunehmen, wird später etwas anderes gefunden werden müssen. Aber wenn das im Moment so ist, dann scheint Ruhe als Entlastung der einzige Weg zu sein.[71]

*

Wegen Rheumatismus die Arbeit aufzugeben, ist zwecklos (es sei denn, er wäre so schlimm, dass dir die Arbeit verunmöglicht wird) – es macht die Dinge nur schlimmer.[72]

Schlaf und Krankheit

Ja, wenn du nicht genug schläfst, ist das physische System für diese Krankheiten eher anfällig. Wenn es sich in einem guten Zustand befindet, weist es sie meist automatisch zurück, und man bemerkt nicht einmal, dass eine Attacke stattgefunden hat.[73]

*

Was ich sagte, war, dass der Körper bei guter Gesundheit jede Krankheitsattacke, die in der Luft liegt, automatisch zurückweist, ohne dass das Mental überhaupt bemerkt, dass eine Attacke stattgefunden hat. Wenn eine Attacke

---

71 *Letters on Yoga* – IV, CWSA 31, 571f
72 *Briefe über den Yoga*, IV, S. 349
73 Ibid.

automatisch zurückgewiesen wird, warum sollte es dann notwendig sein, sich damit auseinanderzusetzen?[74]

Schmerz

Schmerz wird verursacht, weil das physische Bewusstsein in der [Welt der] Unwissenheit zu begrenzt ist, um die Attacken, die auf es einwirken, ertragen zu können. Das kosmische Bewusstsein hingegen, in seinem Zustand des vollständigen Wissens und der vollständigen Erfahrung, nimmt alle Berührungen als Ananda.[75]

*

Ja, jeglicher Schmerz kann sich in Ananda wandeln; Schmerz ist nur der falsche Ausdruck dessen, was im ursprünglichen Bewusstsein Ananda sein würde.[76]

*

Schmerz kann in Ananda gewandelt werden; ich glaube aber nicht, dass eine bestimmte Entwicklungsstufe dazu erforderlich ist.[77]

*

Um äußerste Hitze und Kälte ertragen zu können, ist es notwendig, zuerst Frieden in den Zellen zu erlangen,

74 Ibid.
75 Ibid., S. 347
76 *Letters on Yoga* – IV, CWSA 31, 572
77 *Briefe über den Yoga*, IV, S. 80

später dann die kompakte Kraft. Schmerz und Unbehagen rühren von einem physischen Bewusstsein her, das nicht kraftvoll genug ist, um seine eigenen Reaktionen auf Dinge zu bestimmen.[78]

*

Die Heilung deiner nervösen Magenschmerzen ist keine Auswirkung der Nahrungsmenge. Oft treten diese Schmerzen auf, wenn man nicht genug isst, nicht nur, wenn man zu viel isst – somit kannst du das nicht durch weniger essen kurieren.

Diese Schmerzen gehen teilweise auf den Druck der alten Natur des Körpers zurück. Aus diesem Grund sind wir der Ansicht, dass eine Heilung nur durch den Frieden und die Kraft stattfinden kann, die eine neue Bewegung in die physische Natur einbringen. Im Stadium des Kampfes zwischen den beiden Naturen dauert der Frieden nicht immer an, aber er wird länger und länger, wenn du die Gewohnheit erlangst, dich ihm gegenüber ständig zu öffnen.[79]

*

Die Schmerzen im Körper stammen aus der gleichen Quelle wie die Störung in der vitalen Natur. In beiden Fällen sind es Attacken der gleichen äußeren Kraft, die dich irreleiten oder, wenn das nicht möglich ist, beunruhigen und stören will. Wenn du dich von diesem vitalen Angriff einmal befreien und seine Wiederkehr

---

78 Ibid., S. 347
79 *Letters on Yoga* – IV, CWSA 31, 573

verhindern kannst, wird es leichter sein, die physische Schwierigkeit loszuwerden, die ihren Ursprung im Nervensystem (vital-physisch) hat. Obwohl ihre Symptome die einer physischen Krankheit zu sein scheinen, handelt es sich bei deinen Schmerzen im Allgemeinen um eine Attacke auf den nervlichen Teil, mit dem Zweck, diesen zu schwächen.

Bleibe immer ruhig und fahre beharrlich fort, dich zu öffnen. Die Kraft, die dich von der vitalen Störung befreit, kann auch die Störung sowohl im nervlichen Teil als auch im physischen Körper beseitigen.[80]

*

Der körperliche Schmerz ist offensichtlich eine Folge von Attacken, denn jeder physische Anlass ist lediglich ein Mittel für das Wirken der Attacke. Ich habe oft gesehen, dass, wenn das Mental und Bewusstsein die Attacken zurückgewiesen haben, die Gegenkräfte sich auf irgendeinen schwachen Punkt im Körper stürzen, in der Hoffnung, das Bewusstsein durch Schmerz oder Krankheit niederdrücken zu können, um so dessen Stärke zu mindern, ihnen zu widerstehen und sie zurückzuweisen. Es bleibt abzuwarten, ob dieses wiederholte Auftreten von Schmerz nicht in Ruhe völlig hinausgestoßen werden kann.[81]

*

80 *Briefe über den Yoga*, IV, S. 346
81 *Letters on Yoga* – IV, CWSA 31, 573f

Es ist ein großer Gewinn, wenn sich durch die Attacke auf den Körper keine Depression bei dir einstellt.

Der Schmerz selbst hat deiner Beschreibung nach offensichtlich nervöse Ursachen und kann, wenn du in den mehr physischen Schichten des Wesens ein Offensein entwickelst, durch das Wirken der [Yoga-]Kraft beseitigt werden, oder du selbst wirst fähig sein, dich des Wirkens der Kraft zu bedienen, um ihn hinauszustoßen. Es ist eine Frage des Sich-Öffnens im Körperbewusstsein.

Bewusstsein oder Nichtbewusstsein hängt, wie du selbst bei deinen Französischstudien erfahren hast, vom Zustand [des Körpers] ab. Nicht dass du unbewusst bist, aber das physische Wesen neigt zu einem tamasischen Zustand – dem Zustand der Trägheit –, und dann wird es entweder inaktiv oder dunkel, dumm und unbewusst. Wenn *tamas* sich auflöst, wird die Verfassung licht, und was schwierig war, wird natürlich und einfach. Die ganze Sache läuft darauf hinaus, dem Physischen abzugewöhnen, in seine Trägheit zurückzufallen, und das kann geschehen, indem man es dem Wirken der Kraft öffnet und sich daran anpassen lässt. Wenn das Wirken der Kraft anhält, gibt es kein *tamas* mehr.[82]

*

Du hattest dein Bewusstsein geöffnet, weshalb der Schmerz aufhörte. Wenn er während des Schlafs zurückkehrte, dann muss es deshalb gewesen sein, weil

82 *Briefe über den Yoga*, IV, S. 345

du den Kontakt verloren hattest und in das gewöhnliche Bewusstsein zurückgefallen bist. Das geschieht oft.[83]

*

Schmerzen dieser Art müssen eine Folge irgendeines Widerstands oder einer Behinderung der auf den Körper wirkenden Kraft sein – es ist nicht der Druck, der sie erzeugt.[84]

*

All diese Schmerzen sind ein Zeichen, dass dein physisches System einer zu großen und plötzlichen Belastung ausgesetzt wurde. Das Mental und Vital waren bereit, aber der Körper konnte nicht folgen. Du wirst deine Arbeitslast vermindern müssen, bis du dich von den Schmerzen und der Erschöpfung erholt hast. Du magst dich daran erinnern, dass ich dir vorschlug, nur einen Teil der Putzarbeit zu erledigen, denn ich war mir nicht sicher, ob das physische System bereit war. Nun solltest du dem Folge leisten – erledige nur einen Teil der Arbeit, und bitte X, sich um den Rest zu kümmern. Dann sieh, ob mit dieser Verringerung [der Arbeitslast] und dem Ausruhen während der Freizeit die Schmerzen und die Erschöpfung des Körpers verschwinden werden. Wenn dem so ist, können wir dann sehen, was für dich am besten ist.[85]

*

83 Ibid., S. 349
84 *Letters on Yoga* – IV, CWSA 31, 574
85 Ibid., S. 575

Zuerst verhalten sich die Schmerzen immer so: Wenn man sie von einem Ort vertreibt, wandern sie zu einem anderen. Es ist aber besser, als dass sie sich überall festsetzen.[86]

Abtrennung und Loslösung vom Schmerz

Natürlich, der Körper [erleidet physischen Schmerz] – aber der Körper übermittelt ihn dem Vital und Mental. Im gewöhnlichen Bewusstsein wird das Vital gestört, angegriffen, und seine Kräfte werden geschwächt. Das Mental identifiziert sich damit und gerät aus der Fassung. Das Mental muss jedoch unbewegt, das Vital unbeeinflusst bleiben, und der Körper muss lernen, den Schmerz mit Gleichmut zu ertragen, so dass die höhere Kraft in ihm wirken kann.

Das Selbst ist niemals durch irgendeine Art von Schmerz betroffen. Das Seelische nimmt ihn ruhig hin und bietet ihn dem Göttlichen dar, damit das Nötige geschehe.[87]

*

Du musst eine völlige Abtrennung deines Bewusstseins von diesen Gefühlen des Körpers und seiner Billigung der Krankheit erreichen, und von diesem abgetrennten Bewusstsein aus auf den Körper einwirken. Nur so kann

86 *Briefe über den Yoga*, IV, S. 346
87 Ibid., S. 347f

man sich von diesen Dingen befreien oder sie zumindest neutralisieren.[88]

*

Wenn das Bewusstsein abgetrennt ist, sollte es nicht daran [an den Schmerzen] leiden. Der Körper mag Schmerzen erdulden, aber das Bewusstsein sollte nicht leiden oder sich von ihnen überwältigt fühlen.[89]

*

Ich nehme an, es gibt nur zwei Arten [die bewusstseinstrübende Auswirkung des Schmerzes zu vermeiden]: (1) An etwas anderes zu denken, wenn du das zu tun vermagst, (2) fähig sein, sich vom Körperbewusstsein zu distanzieren, so dass der Körper allein den Schmerz fühlt, und das Mental und das Vital nicht betroffen sind.[90]

*

Das, was einen befähigt weiterzumachen, als ob nichts geschehen wäre, ist das Losgelöstsein selbst des physischen Mentals vom Schmerz – aber dieses Losgelöstsein des physischen Mentals ist nicht so leicht zu erreichen.[91]

*

Es ist eine Attacke auf dein physisches Bewusstsein, durch welche die alten Kräfte den falschen Zustand

88 Ibid., S. 347
89 Ibid.
90 *Letters on Yoga* – IV, CWSA 31, 576
91 *Briefe über den Yoga*, IV, S. 348

herbeiführen. So wie du früher die Macht empfingst, von der vitalen Bewegung zurückzutreten und sie örtlich zu begrenzen, während dein übriges Bewusstsein beobachtet hat und nicht überwältigt wurde, so hast du nun zu lernen, vom physischen Schmerz oder der Unpässlichkeit zurückzutreten und sie zu begrenzen. Wenn du das tun kannst, und zwar vollständig, werden Schmerz und Unpässlichkeit leichter und ruhiger verschwinden, und das Gefühl der Schwäche wird dich nicht derartig überwältigen. Du vermagst zu erkennen, dass die [Yoga-]Kraft die Macht besitzt, die Schmerzen zu beseitigen; aber du lässt dich nervlich überwältigen, und daher ist es für sie schwierig, ein anhaltendes Ergebnis zu erzielen. Was damals im Vital möglich war, muss auch im Physischen geschehen. Es ist der einzige Weg, sich von den Attacken zu befreien.[92]

*

Die Hauptschwierigkeit scheint darin zu bestehen, dass du zu sehr einer Erregung der Nerven ausgeliefert bist. Nur indem Ruhe und Stille in das ganze Wesen gebracht werden, kann ein stetiger Fortschritt in der Sadhana gewährleistet werden.

Um dich wieder zu erholen, musst du als Erstes den nervlich bedingten Attacken Einhalt gebieten – je mehr du dich diesen Ideen und Gefühlen hingibst und dich damit identifizierst, desto mehr nehmen sie zu. Du musst dich zurückziehen und im Hintergrund in dir etwas

92 Ibid., S. 346f

finden, das von Schmerzen und Depressionen nicht beeinträchtigt wird. Dann kannst du dich von dort her von den Schmerzen und Depressionen befreien.[93]

93 Ibid., S. 348

2.

Ärzte und Medikamente

Heilung durch yogische Kraft und Medikamente

Krankheiten durch die wahre Kraft zu heilen, ist offensichtlich das Beste, vorausgesetzt der Körper ist empfänglich. Er hat sein eigenes Bewusstsein, das völlig erweckt sein muss, ehe er eine volle Reaktion zeigen kann.[1]

*

Ja, wenn du Glauben hast und dich öffnen kannst, sind Medikamente nicht unerlässlich.[2]

*

Dich von der Sache abtrennen und Mutters Kraft herbeirufen [ist die yogische Methode] – oder aber, deine eigene Willenskraft einsetzen mit einem Glauben an die Kraft, die heilt, und mit Mutters Unterstützung im Hintergrund. Wenn du keine dieser beiden Methoden

1 *Letters on Yoga* – IV, CWSA 31, 578
2 *Briefe über den Yoga*, IV, S. 335

einsetzen kannst, dann musst du dich auf die Wirkung des Medikaments verlassen.[3]

*

Die yogische Kraft ist in Ordnung, wenn man in einer yogischen Verfassung ist und wenn sie wirkt. Tut sie das aber nicht, sind Medikamente angebracht.[4]

*

Jede Krankheit wird durch eine gewisse Trägheit oder Schwäche oder durch einen Widerstand oder eine falsche Bewegung ausgelöst. Sie ist jedoch manchmal von mehr physischer und manchmal von mehr psychologischer Art. Medikamente können die physischen Folgen bekämpfen.[5]

*

Medikamente sind ein *pis aller* [eine Notlösung] – sie müssen dann eingesetzt werden, wenn etwas im Bewusstsein nicht oder nur oberflächlich auf die Kraft reagiert. Sehr oft ist es ein Teil des stofflichen Bewusstseins, der nicht empfangsbereit ist, ein andermal ist es das Unterbewusste, das im Weg steht, auch wenn das gesamte Wachmental, das Leben und das Physische dem befreienden Einfluss zustimmen. Wenn auch das Unterbewusste anspricht, kann bereits eine leichte Berührung durch die Kraft die jeweilige Krankheit nicht nur heilen, sondern

3 *Letters on Yoga* – IV, CWSA 31, 578
4 Ibid.
5 *Briefe über den Yoga*, IV, S. 334

auch diese Form und Art der Krankheit zukünftig praktisch ausschließen.[6]

*

Was die Krankheit betrifft, so folgerten wir aus dem, was du schriebst, dass es nur eine Erkältung und keine ernsthafte Erkrankung war. In einem solchen Fall kann man zu Medikamenten von der Apotheke greifen, um die Heilung zu beschleunigen, oder aber, man verlässt sich auf die Kraft und öffnet sich der Mutter, unter Zurückweisung der Krankheitssuggestionen und indem man sich auf die Seite der helfenden Kräfte stellt. Du hattest genügend Erfahrung mit der Sadhana, um das zu wissen, und dies zu schreiben hielten wir nicht für nötig, da du ja, wie wir annahmen, all das bereits wusstest.[7]

*

Versuche, dich unserer Kraft im Körper zu öffnen, das ist die Hauptsache. Wenn die [physischen] Nerven beruhigt sind, werden die Krankheitssymptome weniger ausgeprägt sein und können leichter abgeschüttelt werden.[8]

*

Was deine Heilung durch die Kraft anbelangt, so liegt das Haupthindernis in deinen eigenen vitalen Regungen. All dieses egoistische Beharren auf deinen eigenen Ideen, Ansprüchen und Vorlieben – die Bekräftigung deiner

---

6 Ibid., S. 336f
7 *Letters on Yoga* – IV, CWSA 31, 579
8 Ibid.

Rechtschaffenheit gegenüber der Bosheit anderer, die Anschuldigungen, Streitigkeiten, Dispute, das Hegen von Groll gegenüber den Leuten in deiner Umgebung und die Reaktionen, die das auslöst –, alles zusammen hatte diese Auswirkung auf deine Leber, deinen Magen und die Nerven. Wenn du all dies aufgibst und mit den anderen in Ruhe und Frieden lebst, weniger an dich selber und mehr an die anderen und das Göttliche denkst, würde das die Dinge viel leichter machen und dir helfen, deine Gesundheit wiederzuerlangen. Ruhe in deinem Mental bei der Auseinandersetzung mit deiner Krankheit ist auch notwendig – Unruhe und Aufregung blockieren die Wirkung der Kraft.[9]

*

Ja sicher, man kann von innen auf eine Krankheit einwirken und sie heilen. Es ist nur nicht immer einfach, weil in der Materie viel Widerstand vorhanden ist, ein Widerstand der Trägheit. Unermüdliche Beharrlichkeit ist notwendig; anfangs kann es durchaus misslingen, oder die Symptome [der Krankheit] können sogar zunehmen, langsam aber wächst die Fähigkeit, den Körper oder eine bestimmte Krankheit zu beherrschen. Ich wiederhole: Die Heilung eines gelegentlichen Anfalls von Krankheit durch innere Mittel ist verhältnismäßig einfach, aber den Körper für alle Zukunft dagegen zu immunisieren ist schwieriger. Eine chronische Krankheit zu behandeln ist schwerer, und sie verschwindet zögerlicher als eine

9 Ibid.

gelegentliche Störung des Körpersystems. Solange die Beherrschung über den Körper noch nicht vollkommen ist, gibt es all diese und andere Mängel und Schwierigkeiten beim Einsatz der inneren Kraft.

Wenn du durch das innere Wirken eine Verschlimmerung verhindern kannst, bedeutet das allein schon etwas. Dann musst du mit Hilfe von *abhyāsa*[10] die [Yoga-]Macht stärken, bis sie zur Heilung führt. Denke daran, dass eine Unterstützung durch physische Mittel nicht völlig zurückzuweisen ist, solange du noch nicht ganz über die [Yoga-]Macht verfügst.[11]

*

Eine Krankheit deutet auf eine Unvollkommenheit oder Schwäche hin oder auf ein Offensein gegenüber feindlichen Berührungen in der physischen Natur, und oft ist sie auch mit Dunkelheit oder Disharmonie im niederen Vital, im physischen Mental oder sonstwo verbunden.

Es ist sehr gut, wenn man sich von der Krankheit völlig durch den Glauben und die Yoga-Macht oder das Einströmen der Göttlichen Kraft befreien kann. Sehr oft aber ist dies nicht ganz möglich, weil nicht die gesamte Natur offen oder in der Lage ist, auf die Kraft zu reagieren. Oder wenn das Mental und Vital bereit sind, mag der Körper nicht reagieren oder nur teilweise, da er die Gewohnheit hat, auf Kräfte anzusprechen, die eine

10 *abhyāsa* (Sanskrit): Übung, Praxis. Er bildet neben Vairagya einen der beiden Stützpfeiler des Yoga.
11 *Briefe über den Yoga*, IV, S. 335f

bestimmte Krankheit hervorrufen – und Gewohnheit ist eine sehr beharrliche Kraft im materiellen Teil der Natur. In solchen Fällen kann man auf die Anwendung physischer Mittel zurückgreifen – nicht als hauptsächlichstes Mittel, sondern als Hilfe oder materielle Stütze für das Wirken der [Yoga-]Kraft. Keine starken oder gewaltsamen Arzneien, sondern solche, die zuträglich sind und den Körper nicht durcheinanderbringen.[12]

Die Rolle der Ärzte

Wenn das ganze Wesen offen ist gegenüber der Kraft, dann müssen keine äußere Mittel eingesetzt werden, oder nur sehr wenig davon. Aber bis dahin kann man nicht vollständig auf Ärzte und ihre Behandlungsmethoden verzichten.[13]

*

Ich habe den Bericht von X. Ich schließe daraus, dass es sich um eine allgemeine nervöse Schwäche handelt. Ich werde ihn fragen, ob dies korrekt ist und was für eine Behandlung er vorschlägt.

Was die medizinische Behandlung anbelangt, so ist sie manchmal unumgänglich. Wenn man durch die [Yoga-] Kraft zu heilen vermag, wie du es oft getan hast, ist es das Beste – wenn aber der Körper aus irgendeinem Grund nicht fähig ist, auf diese Kraft zu reagieren (zum Beispiel

12 Ibid., S. 334f
13 *Letters on Yoga* – IV, CWSA 31, 581

aufgrund von Zweifeln, Erschöpfung, Entmutigung oder aus Unvermögen, der Krankheit zu widerstehen), wird die Unterstützung durch eine medizinische Behandlung notwendig. Es ist jedoch nicht so, dass die Yoga-Kraft deshalb zu wirken aufhören und alles dem Medikament überlassen würde. Sie wirkt weiterhin über das Bewusstsein, nimmt aber die [medizinische] Behandlung zu Hilfe, um so dem Widerstand im Körper direkt zu begegnen, da der Körper in seinem gewöhnlichen Bewusstsein bereitwilliger auf physische Mittel reagiert.[14]

*

Du weigerst dich, zum Arzt zu gehen, andererseits ist dein Körper nicht in der Lage, die Kräfte so zu empfangen, um ihn zu heilen. Wenn der Körper nicht fähig ist, die Kräfte *ohne andere Mittel* zu empfangen, dann rufen wir nach dem Arzt und arbeiten durch ihn – aber hier kommt dein Mental ins Spiel und weigert sich. Somit sind beide Mittel blockiert.[15]

*

Wenn eine Krankheit im Körper entsteht und chronisch wird, ist häufig die ärztliche Behandlung unumgänglich und dient dann zur Unterstützung der Kraft. X verlässt sich bei seiner Behandlung nicht allein auf

14 *Briefe über den Yoga*, IV, S. 340f
15 *Letters on Yoga* – IV, CWSA 31, 581

Medikamente, sondern gebraucht sie als ein Instrument für die Kraft der Mutter.[16]

*

Du bist weit hinter der Zeit zurück. Weißt du nicht, dass jetzt sogar viele Ärzte zugeben und es öffentlich publizieren, dass Medikamente zwar ein Faktor sind, doch nur einer, und dass der psychologische Faktor ebenso wichtig ist oder sogar noch wichtiger. Ich habe die Ärzte das oft sagen hören und es in Artikeln mit Unterschriften angesehener Ärzte gelesen. Weiterhin sagen sie, dass zu den wichtigsten psychologischen Faktoren der Optimismus und das Selbstvertrauen des Arztes gehören [also sein Glaube – nur ein anderes Wort für dieselbe Sache], sowie das Vertrauen, die Hoffnung, die förderliche mentale Atmosphäre, die er auf seine Patienten einwirken lässt oder womit er sie umgibt. Ich habe die kategorische Behauptung gelesen, dass ein Arzt, der das zu tun vermag, weit erfolgreicher ist als einer, der die medizinische Wissenschaft besser kennt, aber das nicht tun kann.[17]

*

Wunder können geschehen; es gibt aber keinen Grund, warum sie alle im Nu stattfinden sollten, ob sie nun von Göttern oder den Ärzten vollbracht werden.[18]

---

16 *Briefe über den Yoga*, IV, S. 336
17 Ibid., S. 356
18 Ibid.

Medizinische Systeme

Spritzen stehen in Mode; für alles gibt es Spritzen und wieder Spritzen. In der Neuzeit hat die Medizin drei Stadien durchlaufen – zuerst (in Molières Tagen) war es „Aderlass" und „Klistier", dann „Medikamente und Diät", und jetzt ist es „Serum und Spritzen". Vertrau dich Gott an! – nicht wegen der Krankheiten, sondern der Ärzte wegen. Dennoch steckt hinter jeder dieser Formeln eine Teilwahrheit – mit ihren Vor- und Nachteilen. So wie alle Religionen und Philosophien auf den Höchsten ausgerichtet sind, aber jede aus einer anderen Richtung, so sind alle medizinischen Moden Wege zur Gesundheit, obwohl sie nicht alle dazu führen.[19]

*

Medizin ist genau genommen keine Wissenschaft. Sie ist Theorie plus experimentelles Tasten und Glückssache.[20]

*

Die Theorie der Schulmedizin ist imponierend, aber wenn sie zur Anwendung kommt, gibt es zu viel Unsicherheiten und auf Mutmaßung gegründete Verfahren, als dass man sie als eine exakte Wissenschaft bezeichnen könnte. Es gibt viele Wissenschaftler, die sich dagegen sträuben, wenn sie hören, dass Medizin als Wissenschaft

---

19 Ibid., S. 353f
20 Ibid., S. 353

bezeichnet wird. Anatomie und Physiologie sind natürlich Wissenschaften.[21]

*

Es gibt viele Schulmediziner, die Homöopathie, Naturheilkunde, Ayurveda und alles andere, das nicht „medizinische Wissenschaft" ist, als Quacksalberei betrachten. Weshalb sollten Homöopathen etc. das Kompliment nicht erwidern?[22]

*

Ich habe einige Gedanken niedergelegt, um etwas kaltes Wasser auf dieses glühende Eisen der Schulmedizin zu schütten. Doch scheinen mir jetzt alle diese Auseinandersetzungen von geringem Nutzen zu sein. Ich kenne das Wirken beider Systeme (Schulmedizin und Homöopathie) und anderer und kann nicht glauben, dass eines von ihnen die alleinige Wahrheit vertritt. Die, welche vom orthodoxen Standpunkt aus verdammenswert sind, da sie ihm gänzlich widersprechen, haben ihre eigene Wahrheit und damit Erfolg. Ebenso hat sowohl die orthodoxe als auch die heterodoxe Methode ihre Fehlschläge. Eine Theorie ist nichts anderes als eine konstruierte und fixe Idee, die eine unvollkommene Beobachtung einer Reihe von Vorgängen durch den Menschen darstellt, denen die Natur folgt oder folgen kann. Eine andere Theorie ist eine andere konstruierte und fixe Idee von anderen Vorgängen, denen sie ebenso folgt oder folgen kann. Schulmedizin,

21 Ibid.
22 *Letters on Yoga* – IV, CWSA 31, 583

Homöopathie, Naturheilkunde, Osteopathie, Kaviraji, Hakimi – alle haben sie sich der Natur bemächtigt und sie auf gewisse Vorgänge reduziert; jede Theorie hat ihre Erfolge und Misserfolge. Lass jede ihre Arbeit auf ihre eigene Weise tun. Ich sehe keine Notwendigkeit für Kämpfe und gegenseitige Anschuldigungen. Für mich sind das alles nur äußere Mittel, denn was tatsächlich wirkt, das sind die unsichtbaren Kräfte im Hintergrund. Von ihrem Wirken hängen die äußeren Mittel mit ihrem Erfolg und Nichterfolg ab. Wenn man aus dem Vorgang einen richtigen Kanal für die richtige Kraft machen kann, dann erhält er seine volle Wirksamkeit – das ist alles.[23]

*

Tumor, Syphilis usw. sind Besonderheiten, aber was ich aufgrund meiner psychophysischen Erfahrungen festgestellt habe, ist, dass die meisten Störungen des Körpers zusammenhängen, obwohl sie in Gruppen klassifiziert sind; es gibt aber eine Verbindung unter den Gruppen. Wenn man sie an ihrer psychologischen Wurzel packen kann, ist eine Heilung möglich, auch ohne das pathologische Ganze der Sache zu erkennen, und von den Symptomen auszugehen, ist durchaus eine Möglichkeit. Einige Heilverfahren, die von Halbmystikern erfunden wurden, haben diese Macht. Was ich mir jetzt überlege, ist, ob Homöopathie eine psychophysische Grundlage hat. War ihr Gründer ein Halbmystiker? Andernfalls wären bestimmte Eigentümlichkeiten in der Wirkungsweise

23 *Briefe über den Yoga*, IV, S. 354f

der Medikamente, die von X eingesetzt werden, nicht zu verstehen.[24]

*

Natürlich [konsultiert X seine Homöopathie-Lehrbücher bei der Auswahl seiner Medikamente]. Er studierte homöopathische Medizin in Amerika, und seine Ideen von der Homöopathie sind amerikanische Ideen. Selbst ein Schulmediziner bedarf oft der Intuition, welches Medikament er zu geben hat oder in welcher Dosierung – und diejenigen mit der besten Intuition haben den besten Erfolg. Selbst von der orthodoxen Wissenschaft wird nicht alles nach einer einzigen Regel oder einem einzigen Buch oder einer Faustregel getan.[25]

Der richtige Einsatz von Medikamenten

X schrieb vor zwei oder drei Tagen, dass du deine Medikamente nicht regelmäßig nehmest und dass er in diesem Fall keine Verantwortung übernehme (falls die Behandlung bis zum Schluss nicht streng befolgt werde), wenn die Heilung nicht vollständig sei, oder wenn es nachher zu einem vielleicht nicht wiedergutzumachenden Rückfall käme. Dr. Y sagte der Mutter, dass er sich wundere über die Verbesserung in deinem Fall. Er hätte nicht geglaubt, dass so etwas möglich sei, aber er habe es mit seinen eigenen Augen gesehen und wisse nicht,

24 Ibid., S. 355
25 Ibid., S. 356

was es war. Es wäre schade, wenn ein solches Resultat aufgrund einer nachlässigen Befolgung der Anweisungen nicht seinen vollen Erfolg entfalten könnte. Ich würde empfehlen, du gibst der Behandlung eine volle Chance.[26]

*

Ich meinte nicht, dass es ohne Medikamente [bei einer Heilung durch die Kraft] nicht geht. Wenn es aber mit Hilfe von Medikamenten gehen soll, ist das richtige Medikament hilfreich, das falsche dagegen bringt offensichtlich eine Gefahr mit sich.[27]

*

Es genügt nicht, dass es sich bei einem Medikament um ein spezielles Mittel handelt. Gewisse Medikamente haben andere Auswirkungen oder mögliche Auswirkungen, die vom Arzt, der nur seinen Fall heilen will, unbeachtet bleiben können, aber nicht übersehen werden dürfen, wenn man das Körpersystem und seine Reaktionen als Ganzes betrachtet. Die ungünstigen Auswirkungen des Chinins werden aus ärztlicher Sicht zugegeben, und in Europa sucht man seit langem nach einem Ersatz für Chinin.[28]

*

Es gibt einige Arzneimittel, die die Krankheit vorübergehend heilen, aber schlecht für das System sind, so wie das Chinin. Andere gibt es, die einigen Leuten guttun,

26 *Letters on Yoga* – IV, CWSA 31, 584
27 *Briefe über den Yoga*, IV, S. 356
28 Ibid., S. 355

aber anderen schaden, andere schließlich, die auf eine Art eine gute Wirkung haben, aber eine schlechte auf eine andere Art. Deshalb sieht Mutter es nicht gerne, wenn man sie unüberlegt gebraucht. Von einigen rät sie ganz ab, zum Beispiel vom Chinin. Auch ist sie gegen den übermäßigen Einsatz von Abführmitteln.[29]

*

Es ist kaum möglich, eine Liste von Arzneimitteln zu geben [die Yoga-Praktizierenden nicht verschrieben werden sollen], aber die allgemeine Regel ist die, dass sehr starke oder heftig wirkende Medikamente so weit wie möglich gemieden werden sollten. Der Yoga erhöht nämlich die Sensitivität der vitalen und physischen Reaktionen, und Arzneimittel neigen dazu, stärkere oder andere Wirkungen zu zeigen als bei gewöhnlichen Personen.[30]

*

Morphium betäubt örtlich und anderweitig das Bewusstsein sowie seine Reaktion auf den unterbewussten Druck und hebt auf diese Weise den Schmerz auf oder dämpft ihn. Selbst das ist nicht immer der Fall – X erhielt hintereinander fünf Morphiumspritzen, ohne dass die Schmerzen seiner Leberentzündung auch nur gelindert wurden. Was geschah in diesem Fall mit der Macht der Droge über das Unterbewusste? Der Widerstand war

29 *Letters on Yoga* – IV, CWSA 31, 585
30 Ibid.

einfach zu stark, genauso wie der Widerstand des Unterbewusstseins von Y gegen die [Yoga-]Kraft.[31]

*

Spritzen sollten eingesetzt werden, wenn sie absolut unerlässlich sind. Auf eine medizinische Behandlung kann zurückgegriffen werden, wenn die Krankheit chronisch ist oder chronisch geworden ist.[32]

31 *Briefe über den Yoga*, IV, S. 338
32 *Letters on Yoga* – IV, CWSA 31, 585

3.

Spezifische Krankheiten, Beschwerden und andere physische Probleme

Krebs

Ich weiß nicht, warum die Ärzte von Krebs als einer unheilbaren Krankheit sprechen. Es gibt so manche Leute, die während vielen Jahren Gallensteine in der Blase haben, ohne dass sich Krebs entwickeln würde. Es ist offensichtlich, dass es eine gefährliche, nicht leicht zu heilende Krankheit ist, aber wir können auch nicht mit Sicherheit sagen, dass sie [die Patientin] nicht überleben wird. In Wirklichkeit gibt es keine solche Sache wie eine unheilbare Krankheit, denn was die Ärzte so nennen, ist lediglich eine Krankheit, für die noch kein physisches Heilmittel gefunden werden konnte. X hat *eine* Kraft auf ihrer Seite, nämlich ihren Glauben und ihren Willen, um der Sadhana willen zu überleben. Andererseits hängt eine Art Bestimmung über dem Körper, die zwar stark ist, aber doch nicht unüberwindbar. Ihr Glaube muss intakt gehalten werden – und wir müssen ihr Kraft schicken, um ihr zu helfen. Das ist alles, was wir im Augenblick sagen können. Wenn sie durch ihren Glauben sich einer solchen Kraft öffnen und diese herabziehen kann, welche den feindlichen physischen Kräften in ihrem Körper entgegenzuwirken vermag, wird sie überleben.[1]

*

Natürlich kann er [der Krebs – durch den Yoga] geheilt werden – jedoch unter der Voraussetzung von Glauben oder Offenheit [gegenüber der Yoga-Kraft] oder von beiden. Selbst eine mentale Suggestion kann mit etwas Glück Krebs heilen, wie es der Fall der jungen Frau beweist, die erfolglos an Krebs operiert wurde: Die Ärzte sagten nicht die Wahrheit und teilten ihr mit, dass die Operation gelungen sei, und die Krebs-Symptome verschwanden! Viele Jahre später starb sie an einer ganz anderen Krankheit.[2]

Tuberkulose

Tb. ist das Resultat einer starken seelisch-vitalen Depression. Sex kann nicht unmittelbar Tb. auslösen, obwohl er ein Faktor für den Verfall der vitalen Kräfte und den Rückzug der stützenden Seelenkräfte sein mag, was schließlich zu Tb. führen kann. Der Mangel an Vitalität, der leicht als eine Begleiterscheinung der modernen Zivilisation entsteht, gehört daher zu den stark auslösenden Ursachen. Die heutigen Menschen haben nicht das solide Nervensystem und die natürliche Lebensfreude ihrer Vorfahren. Über die Soldaten weiß ich nicht Bescheid – doch

1 Ibid., S. 586
2 *Briefe über den Yoga*, IV, S. 353

könnte ich mir vorstellen, dass der schreckliche Krieg in den Schützengräben mit all seinen grausigen Umständen und Begleiterscheinungen viel schwerer zu ertragen war als die Märsche und Kämpfe im Freien zu Napoleons Zeiten.[3]

Fieber

Nach einer Grippe-Attacke: Das Wichtigste dabei ist, die ganze Zeit über vollkommenen Gleichmut zu bewahren und Gedanken von angstvoller Sorge oder Depression nicht in dich eindringen zu lassen. Es ist ganz natürlich nach dieser schweren Grippe-Attacke, dass sich Schwäche und gewisse Schwankungen im Fortschritt der Besserung abzeichnen. Was du zu tun hast, ist, ruhig und vertrauensvoll zu bleiben und dich nicht zu grämen oder ruhelos zu sein. Sei vollständig ruhig und bereit, dich auszuruhen, solange du der Ruhe bedarfst. Es gibt nichts, worüber du dich zu beunruhigen bräuchtest; ruhe dich aus, dann werden Gesundheit und Stärke zurückkehren.[4]

Kopf-Erkältung

Was du beschreibst [ein „belasteter" Kopf mit innerer Trägheit und mechanischen Gedanken] ereignet sich sehr häufig während einer Erkältung im Kopf, da man im

3 Ibid., S. 352
4 Ibid., S. 351

Allgemeinen für die Übermittlung mentaler Gedanken von den Gehirnzellen abhängig ist. Wenn das Mental von den Gehirnzellen weniger abhängig ist, wird das klare Sehen und Denken durch die Trübung, welche die Erkältung verursacht, nicht beeinträchtigt, und man wird nicht in das mechanische Mental zurückgeworfen.[5]

Schwache Augen

Schließlich zu deinen Augen. Eine Brille zu tragen, ist die unausweichliche Bestätigung einer Augenschwäche, deshalb würden wir dir nicht dazu raten für eine Belastung, die sicher auch auf andere Weise kuriert werden kann.[6]

*

Es ist besser, (für die Augen) die Sonnenbehandlung anzuwenden, wenn du auf das Tragen deiner Brille verzichtest. Es ist keine Behandlung im üblichen Sinn, da sie nicht auf Medikamenten beruht, sondern auf gewisse natürliche Kräfte zurückgegriffen wird, sowie auf physische Beobachtungen, die helfen, den gestörten Mechanismus des Auges zu korrigieren.[7]

*

Du musst bezüglich deiner Augen vorsichtig sein. Bei

5 Ibid., S. 350f
6 *Letters on Yoga* – IV, CWSA 31, 588
7 Ibid.

Nacht zu viel zu lesen, ist nicht ratsam. Zwei Vorschläge jenes Mannes, der die Sonnenbehandlung empfiehlt, fand ich durchaus annehmbar. Erstens sollte man, wenn man Dinge betrachtet oder liest, reichlich blinzeln und nicht die Augen fixieren oder starr blicken. Zweitens verschafft das Auflegen der hohlen Handfläche eine sehr förderliche Ruhe. Gemeint ist damit, die Hände gekreuzt über die geschlossenen Augen zu legen, ohne sie auf die Augen zu pressen, um alles Licht auszublenden.[8]

Grüner Star

Wir können nicht die Verantwortung übernehmen, von einer Operation abzuraten. Ein Glaukom soll zwingend zu Blindheit führen – es ist keine erfolgreiche medizinische Behandlung bekannt –, und die Operation gilt als einzige Möglichkeit, um den natürlichen Folgen der Krankheit zu entgehen. Somit muss die Freiheit gewährt werden, sich einer solchen zu unterziehen, wenn es keinen anderen Weg gibt.[9]

Stottern

Ich glaube nicht, dass Stottern irgendetwas mit einer schwachen Lunge zu tun hat, und es wird auch nicht durch eine Missbildung der Sprachorgane hervorgerufen.

8 *Briefe über den Yoga*, IV, S. 350
9 *Letters on Yoga* – IV, CWSA 31, 588

Im Allgemeinen ist es eine nervliche Behinderung (physisch-nervös) und vollkommen heilbar. Mir ist kein besonderes Heilverfahren dafür bekannt. Die Menschen haben verschiedene Mittel eingesetzt, um es zu überwinden; hinter all diesen aber ist Willenskraft und eine geduldige Sprechdisziplin unerlässlich.[10]

Menstruationsprobleme

Die Attacke, die nach deiner Beschreibung den Körper befallen hat, muss eine Kreislaufkrise gewesen sein aufgrund des Zeitabschnitts, den du jetzt durchschreitest – die Alterswende, in der sich die Periode ihrem Ende zuneigt, aber noch nicht ganz aufgehört hat. Aufgrund der Unregelmäßigkeiten ist dies ein sehr unangenehmer Zeitabschnitt, und diese Dinge können durchaus auftreten – sie hören auf, wenn diese Lebensperiode vorüber ist. Einige gehen sehr leicht da hindurch mit lediglich gewissen Unregelmäßigkeiten des Ausflusses und gelegentlichen Störungen ähnlicher Art; andere haben mehr Schwierigkeiten. Wenn keine sexuellen Regungen in der Natur auftreten, oder zumindest keine intensiveren, dann verlaufen die Dinge problemloser.[11]

10 *Briefe über den Yoga*, IV, S. 350
11 *Letters on Yoga* – IV, CWSA 31, 589

Verstopfung

Verstopfung wird nicht durch die Nahrung bestimmt; sie geht zurück auf eine Trägheit im Physischen. Werde die Trägheit los, und die Verstopfung geht weg.[12]

Ischias

Ischias ist etwas mehr als eine nervöse Störung – er beeinträchtigt die Bewegungen der Muskeln durch die Nerven. Du kannst dich jedoch sofort davon befreien, wenn du es fertigbringst, die [Yoga-]Kraft darauf zu richten.[13]

*

Es gibt kein äußeres Mittel, Ischias ist eine Sache, die nur einer konzentrierten inneren Kraft nachgibt oder aber von selbst aufhört und von selbst kommt. Äußere Mittel können bestenfalls lindernd wirken.[14]

*

Wenn du dich vom Ischias nicht durch innere Mittel befreien kannst, sollte dich das ärztliche Heilmittel (das nicht heilt, dich aber vom Schmerz solange wie möglich befreit) nicht ermüden. Ischias tritt periodisch auf und kann wochenlang anhalten; dann verschwindet er

12 Ibid.
13 *Briefe über den Yoga*, IV, S. 351
14 Ibid.

plötzlich wieder. Wenn du dich physisch ruhig verhältst und nicht zu aktiv bist, tritt er möglicherweise für lange Zeit nicht auf. Natürlich würde das bedeuten, ein inaktives, physisch behindertes Leben zu führen. Das meinte ich damit, als ich davon sprach, den Ischias zu verewigen – desgleichen die Trägheit.[15]

*

Die Trägheit rührt daher, dass in deinem äußeren Wesen immer ein sehr stark ausgeprägtes *tamas* bestand, und genau das wird vom Widerstand benutzt. Auch fehlte es dem äußeren Mental an beständiger Willenskraft, wodurch es für die [Yoga-]Kraft schwieriger wurde, herabzukommen. Wenn du gänzlich offen bist, kann die Kraft auf den Ischias einwirken, so dass er an Stärke verliert oder zum Verschwinden gebracht wird. Wenn aber das Bewusstsein durch Trägheit blockiert ist, kommen diese Schwierigkeiten dazwischen.[16]

*

Wenn du genesen kannst, indem du dich [von der Arbeit] zurückziehst, dann umso besser. Der Ischias hat oft versucht, die Mutter zu befallen, und mich auch.

Wir haben immer wieder festgestellt, dass sich Ischias der [Yoga-]Kraft, wenn sie ruhig und beharrlich angewandt wird, nicht widersetzen kann. Andere Krankheiten können Widerstand leisten, nicht aber Ischias, der gänzlich tamasisch ist. Die Anwendung der Kraft ist für

15 Ibid., S. 352
16 Ibid., S. 351f

dich wahrscheinlich noch nichts Selbstverständliches; daher ist das Gefühl von Kampf damit verbunden und nicht das Gefühl ruhiger Beherrschung – von daher die Rastlosigkeit usw.[17]

Größerer Wuchs

Es ist ziemlich schwierig, größer zu werden, wenn die Wachstumsperiode einmal vorbei ist. Dies mag in der Periode der materiellen Transformation am Ende des Yogas kommen; das liegt aber noch weit weg, und ich glaube nicht, dass es irgendwelche Mittel gibt, durch die es anders getan werden könnte.[18]

Das Ertragen von Hitze

Trockene Hitze soll für die allgemeine Gesundheit weniger schädlich sein als feuchte Hitze. Gewöhnlich verringert sich jedoch das Nahrungsbedürfnis, und damit auch der Appetit. Vom yogischen Standpunkt aus ist die Hitze leichter zu ertragen, wenn man im materiellen Körper eine gewisse Ruhe bewahren kann, den „Frieden in den Zellen".[19]

17 Ibid., S. 352
18 *Letters on Yoga* – IV, CWSA 31, 590
19 Ibid., S. 590f

Erklärung einiger Schlüsselbegriffe

Ananda: Seligkeit, Wonne, das essenzielle Wonneprinzip.

Mental: Jene Ebene des menschlichen Wesens, die mit der Gedankenwelt, dem Verstand, der Intelligenz, mit Ideen, Erkenntnis und dem bewusstem Willen zu tun hat.

physisches Mental: Jener Teil des Mentals, der mit der rein materiellen Außenwelt beschäftigt ist und nur sehr beschwerlich auf höhere Kräfte antwortet.

physisches Vital/vitales Physisches: Die Ebene der nervlichen Reaktionen unseres physischen Wesens, es bestimmt die Empfindungen und Reaktionen auf die Einflüsse des physischen und materiellen Lebens.

Sadhak: Schüler oder Praktizierender eines Yogasystems.

Sadhana: Yoga-Disziplin, -Methode, -Ausübung.

Supramental, Wahrheits-Bewusstsein: Die höchste bis jetzt bekannte, von Sri Aurobindo entdeckte Bewusstseinsform; das Wahrheitsbewusstsein, das die unendliche Weisheit und den unendlichen Willen des göttlichen Wissers und Schöpfers verkörpert und in die Manifestation bringt.

tamas: Das Prinzip der Trägheit.

Transformation: Das höhere Bewusstsein oder Wesen in das Mental, Vital und den Körper herabbringen und dadurch die niedere Natur umwandeln.

Vital: Die Ebene der Lebenskraft, der Gefühle, Emotionen, Begierden und impulsiven Reaktionen.

vitales Mental: Jener Teil des Mentals, der mit Wunschvorstellungen und Möglichkeiten zur Befriedung der Begierden beschäftigt ist.

Anmerkung zu den Quellenangaben

Die Abschnitte in Teil I und II des vorliegenden Buchs sind Teilauszüge aus dem im Sri Aurobindo Ashram, Pondicherry, herausgegebenen Buch *Health and Healing in Yoga – Selections from the Mother*, 5th ed. 1991. Die ausgewählten Zitate entstammen im Einzelnen den Bänden 2-6, 8, 9, 12, 14 und 15 der 17-bändigen englischen Gesamtausgabe von Mutters Werken, *Collected Works of the Mother* (CWM), sowie einigen nur schwer erhältlichen indischen Büchern und Zeitschriften.

Die Abschnitte in Teil III entsprechen den Seiten 547-591 von Bd. 31, *Letters on Yoga – IV*, der 37-bändigen Gesamtausgabe von Sri Aurobindos Werken, *Complete Works of Sri Aurobindo.*

Vorliegende deutsche Übersetzungen, auf die im Text verwiesen wird:

- Die Mutter: *Lehrgespräche und Worte der Liebe 1929-38*, 2. Aufl. 1999
- Die Mutter: *Gespräche*, 1950 – 1958, 7 Bände
- *Mutters Agenda*, Bd. 1-13
- Sri Aurobindo: *Briefe über den Yoga*, Bd. 4

(Die gedruckte Ausgabe der Briefe Sri Aurobindos wird bald vergriffen sein, in digitaler Form ist sie erhältlich in einer 4-bändigen PDF-Ausgabe unter dem Titel *Briefe über den Yoga*. Eine deutsche Übersetzung der erweiterten Briefausgabe in *Complete Works auf Sri Aurobindo* (CWSA) ist in Vorbereitung.)

- Sri Aurobindo: *Gedanken & Aphorismen*
- Sri Aurobindo: *Über sich selbst*

Bibliographie

Beim Aquamarin Verlag erhältlich:

Sri Aurobindo:

Savitri – Legende und Sinnbild (Übersetzung von Heinz Kappes)
Das Göttliche Leben
Die Synthese des Yoga
Essays über die Gita
Das Geheimnis des Veda
Die Grundlagen der indischen Kultur
Das Ideal einer geeinten Menschheit
Über sich selbst
Licht auf Yoga
Bhagavadgita (aus dem Sanskrit übersetzt von Sri Aurobindo)
A. B. Purani: Abendgespräche mit Sri Aurobindo

Satprem:

Mutter – Der Göttliche Materialismus
Mutter – Die neue Spezies
Mutter – Die Mutation des Todes
Sri Aurobindo oder Das Abenteuer des Bewusstseins

Sujata Nahar:

Mutters Chronik, Buch eins: Mirra
Buch zwei: Mirra die Künstlerin
Buch drei: Mirra die Okkultistin
Buch vier: Mirra – Sri Aurobindo
Buch fünf: Mirra begegnet dem Revolutionär
Buch sechs: Mirra in Südindien

Georges Van Vrekhem:
Über den Menschen hinaus: Leben & Werk von Sri Aurobindo und Mutter
Mutter: Die Geschichte ihres Lebens
Kraftlinien der Gegenwart in der Sichtweise Sri Aurobindos und der Mutter
Auf dem Weg zum Wunderbaren

Beim Verlag und Versand W. Huchzermeyer, Edition Sawitri erhältlich:

Sri Aurobindo:
Briefe über den Yoga, Bd. I – IV

Mutter:
Mutters Agenda, 13 Bände
Lehrgespräche und Worte der Liebe 1929-38
Gespräche zwischen 1950 und 1958, 7 Bände

Beim Verlag Sri Aurobindo Digital Edition erhältlich:

Sri Aurobindo:
Briefe über den Yoga, Bd. I-IV (E-Book)

Sri Aurobindo

Satprem
Sri Aurobindo oder Das Abenteuer des Bewusstseins
978-3-89427-717-8
336 S. | Pbk.
Das wohl berühmteste Buch über Aurobindo und seinen Integralen Yoga. Es ist inzwischen längst ein Klassiker über die Begegnung zwischen Ost und West geworden, der westliche Erkenntnis und östliche Verwirklichung auf meisterhafte Weise verbindet. Eine großartige Einführung in Aurobindos Leben und Werk!

A. B. Purani
Abendgespräche mit Sri Aurobindo
978-3-89427-609-6
912 S. | HC
Die „Abendgespräche" zeigen in ihrer immensen Vielfältigkeit auf, dass Sri Aurobindo nicht nur ein exzellenter Kenner der abendländischen Dichtung oder der modernen Kunst war, sondern dass er ebenso berufen war, über die aktuelle Tagespolitik oder bestimmte spirituelle Entwicklungen in der Welt zu sprechen.

Mutter

Satprem
Mutter
Die umfassendste Einführung in das Werk von Mirra Alfassa, der spirituellen Lebensgefährtin Sri Aurobindos, die später nur noch als „Mutter" bezeichnet wurde. Die faszinierenden Beschreibungen über die inneren Transformationen einer der außergewöhnlichsten Frauen des 20. Jahrhunderts! Wegweisend vor allem in Hinsicht auf die Erforschung der „Intelligenz der Zellen"!

Der Göttliche Materialismus / Mutter (Band 1)
978-3-89427-719-2
54 S.

Die Neue Spezies / Mutter (Band 2)
978-3-89427-720-8
436 S.

Die Mutation des Todes / Mutter (Band 3)
978-3-89427-721-5
268 S.

Mutter 3 Bände
978-3-89427-718-5
1058 S. | jeweils Pbk.

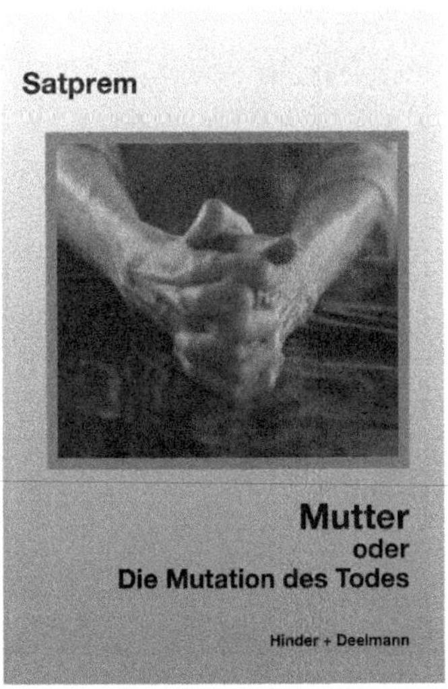

Sri Aurobindo
Das Geheimnis des Veda
978-3-89427-312-3
Eine geniale Interpretation der ältesten spirituellen Texte der Menschheit, die einen tiefen Einblick in die geistige Schau der großen vedischen Seher bietet. Ein Grundlagenbuch über den „Integralen Yoga"!

Eckhart Tolle und Sri Aurobindo

Eckhart Tolle und Sri Aurobindo
Ein neues Denken
Ein neuer Mensch
Eine neue Welt
978-3-89427-614-0, 336 S. | Pbk.
Auch wenn Eckhart Tolle und Sri Aurobindo keine Zeitgenossen waren, werden beide doch mit Fug und Recht als die beiden größten Pioniere in der Erforschung des menschlichen Bewusstseins bezeichnet.
In bewegenden Gesprächen und anhand faszinierender Texte belegt A. S. Dalal, wie die beiden Meisterdenker und Mystiker den kommenden neuen Menschen und die heraufziehende neue Welt sehen.
Ein wegweisendes Buch, das eine neue Dimension des Bewusstseins aufzeigt und Mut und Hoffnung für die Zukunft schenkt!